「戦前」の正体
愛国と神話の日本近現代史

辻田真佐憲

講談社現代新書
2705

はじめに

定まらない日本の自画像

われわれはいま、新しい時代のとば口に立っている。

明治維新から太平洋戦争の敗戦までは七七年。敗戦から昨二〇二二（令和四）年までもまた七七年。戦前と戦後が並び、現代史が近代史をはじめて凌駕しようとする、これまでにない事態が目の前に開かれつつある。

いつまであの敗戦を引きずっているのか。憲法だって見直していいではないか。もういい加減「普通の国」になろう——。

近年、そういう声が徐々に高まっているのもゆえなきことではない。日本はもはや、アジアに燦然と輝く卓絶した経済大国ではなく、（そこで生活するものとしては忍びないことではあるものの）中国の後塵を遥かに拝しながら緩やかに衰退する斜陽国家になりつつあるのだから。

さはさりながら、われわれはみずからの国のありかたについて、かならずしも明確なビジョンがあるわけではない。

戦前と戦後を分かつ戦争の名称はその象徴だ。さきほど太平洋戦争ということばを便宜的に使ったけれども、これとて、けっして定まったものではない。かといって、当時の名称である大東亜戦争はいまだ政治的に忌避されやすく、左派やアカデミズムの界隈が好むアジア・太平洋戦争（かつては一五年戦争だった）もいかにも妥協の産物にすぎない。

もっとも中立的なのは「さきの戦争」「さきの大戦」だろうが、このぼんやりとした表現は、われわれの定まらぬ自画像にぴったり一致している。

このような状態だからこそ、われわれは過ぎ去ったはずの「戦前」にいつも揺さぶられている。まるで亡霊に怯えるように。

「新しい戦前」と「美しい国」

昨年末、タレントのタモリがテレビ番組「徹子の部屋」で本年（二〇二三年）がいかなる年となるかと問われて、「新しい戦前」と答えて話題になった。

筆者は「素人がなにを」とあざ笑う狭量な専門家に与しない。数百万もの視聴者を相手にしていた人間の感性はときに鋭いものだ。

とはいえ、戦前ということばはたやすく使われすぎてもいる。なんでも戦前と認定しながら、あまりに戦前を知らない。残念ながら、歴史を生業とする物書きでもしばしばこの陥穽にハマっている。

現在と戦前の比較は、類似のみならず差異にも注意を払うべきである。なんでもかんでも戦前認定することは、かえって戦前のイメージを曖昧にし、貴重な歴史の教訓を役立たないものにするだろう。

わかりやすい例として、「安倍晋三は東条英機のような独裁者だ」という批判を考えてみよう。よく耳にした比較だが、かならずしも適切とはいいがたいものだった。

大日本帝国憲法のもとでは首相に権限が集中しにくく、かえって軍部の暴走を招いた面があった。根っからの軍事官僚で法令の条文に固執した東条もこれに苦慮しており、陸軍大臣や参謀総長などを兼任することで、なんとか自らのもとに権限を集めようとした。独裁者と呼ばれたゆえんだが、それでもかれは、戦時中に首相の地位を追われてしまった。

戦後、このような戦時下の反省もあって、首相にさまざまな権限が集約されたのである。そのため、この傾向を戦前回帰と呼ぶのはあまりに倒錯している。

筆者はここで、同じく昨年、凶弾に斃《たお》れた安倍元首相が唱えた「日本を取り戻す」「美しい国」というスローガンを思い出さずにはおれない。それはときに戦前回帰的だといわれた。

だが、本当にそうだったただろうか。靖国神社に参拝しながら、東京五輪、大阪万博を招聘し、「三丁目の夕日」を理想として語る――。そこで取り戻すべきだとされた「美しい国」とは、戦前そのものではなく、都合のよさそうな部分を適当に寄せ集めた、戦前・戦後の奇妙なキメラではなかったか。

今日よく言われる戦前もこれとよく似ている。その実態は、しばしば左派が政権を批判するために日本の暗黒部分をことさらにかき集めて煮詰めたものだった。

つまり「美しい国」と「戦前回帰」は、ともに実際の戦前とはかけ離れた虚像であり、現在の右派・左派にとって使い勝手のいい願望の産物だったのである。これにもとづいて行われている議論が嚙み合わず、不毛な争いに終始せざるをえないのは当然だった。

このような状態を脱するためには、だれかれ問わず、また右派にも左派にも媚《こ》びず、戦前をまずしっかり知らなければならない。

大日本帝国は神話国家

では、戦前とはなんだったのか。本書は、神話と国威発揚との関係を通じて、戦前の正体に迫りたいと考えている。

大日本帝国は、神話に基礎づけられ、神話に活力を与えられた神話国家だった。明治維新は「神武《じんむ》天皇の時代に戻れ」（神武創業）がスローガンだったし、大日本帝国憲法と教育勅語の文面は、天照大神《あまてらすおおみかみ》の神勅を抜きに考えられないものだった。

また、明治天皇の皇后（昭憲皇太后）は神功《じんぐう》皇后に、台湾で陣没した北白川宮能久親王《きたしらかわのみやよしひさ》は日本武尊《やまとたけるのみこと》に、日本軍将兵は古代の軍事氏族である大伴《おおとも》氏（天忍日命《あめのおしひのみこと》の子孫）になぞらえられていた。そして大東亜戦争（本書では歴史上の用語としてこれを用いる）で喧伝されたスローガンのひとつは、神武天皇が唱えたとされる八紘一宇《はっこういちう》だった。

それ以外にも、国体、神国、皇室典範《こうしつてんぱん》、万世一系《ばんせいいっけい》、男系男子、天壌無窮《てんじょうむきゅう》の神勅、教育勅語、靖国神社、君が代、軍歌、唱歌など、戦前を語るうえで外せないキーワードはことごとく神話と関係している。

もっとも、神話が重視されたといっても、大日本帝国政府が神社を縦横無尽に操り、プロパガンダをほしいままにしていたなどと主張するつもりはない。戦前の宗教政策は一貫性に欠け、おおよそ体系的なものではなかった。

それでも、神話は戦前に大きな存在感をもっており、モニュメントやサブカルチャーなどで参照され続けたのである。いわゆる国家神道をめぐるこれまでの議論は、政府や軍部の動きにとらわれすぎていたのではないか。本書ではそのような「上からの統制」だけではなく「下からの参加」も視野に入れて、神話と国威発揚の結びつきを考えたい。

いうなれば本書は、神話を通じて「教養としての戦前」を探る試みだ。そしてこの試みはまた、今後の日本をどのようなかたちにするべきか考えるヒントになることも目指している。

戦前の物語を批判的に整理する

そのため本書は、細かな事実をあげつらって、神話の利用を解体してそれで事足れりとする立場にも与しない。国家はなにがしかの国民の物語を必要とするからである。

たしかに、国民国家は近代に成り立ったものであり、虚構にすぎないといえばそうだろう。だが、現在の国際秩序はその虚構をベースに動いているのであって、これを否定したところで無政府状態のカオスを招来するにすぎない。

そもそも虚構というならば、人権も平等も皇室制度も貨幣も共産主義もすべて虚構である。そんなことをエビデンスやファクトなどのカタカナを振り回して、あらためて指摘しても意味がない。むしろわれわれが本当に考えるべきなのは、そのなかから適切な虚構を選び、それをよりよいものに鍛え上げていくことではないか。

戦後民主主義の永続・発展を望むにせよ、二一世紀にふさわしい新しい国家像を描くにせよ、自分たちの立場を補強する物語を創出して、普及を図るしか道はない。このような試みが十分に行われていないから、戦前の物語がいつまでたってもきわめて中途半端なかたちで立ちあらわれてくるのだ。

「感染症」を終わらせるためには、怖い怖いと「自宅」に立てこもるのではなく、積極的に「ワクチン」を打たなければならない。

そこで本書では、「原点回帰という罠」「特別な国という罠」「先祖より代々という罠」「世界最古という罠」「ネタがベタになるという罠」という五つの観点で、戦前の物語を批判的に整理することにした。

批判的というのはあえて述べるまでもなく、物語にはひとびとを煽動・動員するリスクもあるからである。

このような物語の構造を知っておくと、今日、軍事的な野心を隠さない他国、たとえばロシアや中国の動きを読み解くときにも役立つかもしれない。戦前的なものの再来は、なにも現代日本だけで起きるとは限らないのだから。

また、北朝鮮の指導思想（金日成・金正日主義）と日本の国体思想はしばしば類似性を指摘されるけれども、その比較をたんなる印象論で終わらせないためには、国体思想の核心を正しく摑まなければならないだろう。

もっと身近なところでは、神話の知識はときにサブカルチャー作品の読解にも役立ってくれる。

昨年公開された新海誠《しんかいまこと》監督の『すずめの戸締まり』は、明らかに天の岩戸開き神話が元ネタのひとつになっているし、主人公の岩戸鈴芽《すずめ》が宮崎県と目される場所より船に乗り、あちこちに立ち寄りながら東に進むストーリーは、神武天皇の東征をほうふつとさせる。その意味するところは、しかし、神話を知らなければ摑みようがない。

いずれにせよ本書は、過度な細分化で物語を全否定するのでもなく、かといってずさんな物語でひとびとを煽動・動員するのでもなく、両者のあいだの健全な中間を模索することで、目の前の現実に役立てることをめざしている。

この目的のため、本書では、銅像や記念碑などの史跡も積極的に取り上げた。現地に足を運んで、歴史を五感で味わってもらいたいからだ。歴史を一部の専門家やオタクの専有物にせず、また右派や左派のイデオロギーの玩具とせず、ふたたび広く教養を求めるひとびとに開放してその血肉としてもらうこと。それが新しい時代のとば口に求められていることだと筆者は強く信じている。

凡例

※一八七一（明治四）年までは太陰暦、それ以降は太陽暦を用いた。

※人物の年齢は満年齢である。

※引用にあたっては、読みやすさを考慮して、漢字の字体やかなづかいをあらため、適宜句読点や濁点などを補い、改行を行うなどした。また傍点は引用者が付した。

※引用文中、今日では不適切と思われる語句や表現などもみられるが、これらは時代背景や歴史資料としての価値を尊重し、そのままとした。

※写真は特記しないかぎり、筆者の撮影である。

目次

第一章　古代日本を取り戻す

――明治維新と神武天皇リバイバル

国会で力説された「八紘一宇」

神武天皇。この伝説上の初代天皇は、ふしぎな吸引力をもっている。霊峰《れいほう》富士がそのふもとに新興宗教を集めてしまうように、しばしばその名のもとに奇妙な発言や斜め上の想像力を招き寄せてしまう。

二〇一五（平成二七）年三月、三原じゅん子参院議員が、国会で神武天皇が唱えたとされる八紘一宇という理念について突如として「日本が建国以来大切にしてきた価値観」「世界が一家族のようにむつみ合うこと」などと力説し、答弁にたった麻生太郎財相を驚かせたのは記憶に新しい。

麻生　（前略）これは、今でも宮崎県に行かれると八紘一宇の塔というのは建っております。宮崎県の人いない。八紘一宇の塔あるだろう。知ってるかどうか知らないけど。ねえ、福島さんでも知っている、宮崎県に関係ないけど。八紘一宇っていうのはそういうものだったんですよ。（中略）

これは戦前の中で出た歌の中でもいろいろ、「往け八紘を宇《いえ》となし」とかいろいろ歌もありますけれども、（中略）こういった考え方をお持ちの方が三原先生みたいな世代におられるのにちょっと正直驚いたのが実感です。

「宮崎県に関係ない」と言われた福島瑞穂《みずほ》参院議員はその八紘一宇の塔が立っている宮崎市内の中高出身なのだが、それはおくとして、八紘一宇と聞いてこうスラスラと「愛国行進曲」の一節（往け八紘を宇となし）まで出てくるのは、いまや日本人のなかでもかなり珍しいだろう（1-1）。

1-1　宮崎市の「八紘一宇の塔」。正式には「八紘之基柱《あめつちのもとはしら》」という（2019年10月撮影）

ところが三原はこの答弁に飽き足らず、安倍晋三首相にも食い下がった。「この八紘一宇の理念の下に世界が一つの家族のようにむつみ合い助け合えるように」「崇高な政治的合意文書のようなもの」を世界に向けて提案していかないのかと。

これに安倍は、「このBEPSプロジェクトの取組がOECD租税委員会において進められているわけでありますが、本年中の取りまとめに向けて日本政府としてもしっかりとリーダーシップを発揮をしていきたい」などと官僚作文らしきものを読むだけで、あっさりはぐらかしてしまった。

安倍はその死後に出た回顧録で、麻生のことを「ものすごい教養人」「歴史に造詣が深く」とたたえている（『安倍晋三回顧録』）。その背景には、さきのような即興の答弁も念頭にあったのかもしれない。

関心が高まる神武天皇

これにくらべるとあまり知られていないものの、二〇二二（令和四）年三月には、古屋圭司衆院議員が「神武天皇と今上天皇は全く同じY染色体であることが、『ニュートン誌』染色体科学の点でも立証されている」とツイッターで発信して一部で話題になった。

あたりまえながら、染色体は実在の人物にしかないので、これは神武天皇の実在を前提としていることになる（そもそも科学雑誌『Newton』は同趣旨の論文掲載を否定している）。

いや、天皇だって祖先をたどっていけば誰かにたどりつくのだから、そのひとりが神武天皇だという反論もあるかもしれない。

だが、縄文時代や弥生時代、どこかの竪穴住居に住んでいた人物Xはただの人物Xなのであって、八紘一宇の理念を唱えたとされる神武天皇とイコールではない。モデルとなった人物が仮にいたところで結論は同じだ。なんともずさんだが、この手の実在論は根強く存在する。

政治家の発言に限らず、近年、神武天皇にじわじわと関心が高まっている。国立国会図書館のデータベースで検索すると、神武天皇と冠した本は、二〇一〇年以降で六〇件ヒットする。一九八〇年代は八件、九〇年代は一二件、二〇〇〇年代で一七件にすぎないにもかかわらず、だ。

また令和に入ってからだけで、神武天皇像が岡山県笠岡市に、神武天皇の記念碑が三重県熊野市に、それぞれひとつずつ建てられている。ゆかりのある神社で、神武天皇の顔ハメパネルにまで出くわすこともある。戦前のひとがみたら、驚嘆するしかないだろう（1－2、1－3、1－4）。

神武天皇はときにスピリチュアルな文脈でも顔を出す。

安倍昭恵夫人は、安倍元首相銃撃事件を受けて「神武天皇にゆかりのある奈良の大和西大寺で（引用者註、安倍元首相が）亡くなったんだから、それが意味することがすべてなの。そういう運命にあったのよ」と述べているといわれる（加藤康子「幼馴染が語る総理と母、洋子さん」『月刊Hanada』二〇二二年一一月号）。

神武天皇に注目するのが悪いといいたいのではない。神話や日本人のルーツに関心をも

1-2　岡山県笠岡市の神武天皇像（2023年3月撮影）

1-4　岡田宮（北九州市）にある神武天皇の顔ハメパネル。右上の八咫烏もびっくり（2020年10月撮影）

1-3　三重県熊野市の「熊野荒坂津」碑。神武天皇の上陸を記念する（2020年10月撮影）

つことは、けっして責められるべきことではない。憲法などにそこで示された理念を盛り込むことも、内容によってはかまわないだろう。

ただ、われわれが神話をよく知らないことをいいことに、政府や与党に手垢にまみれた八紘一宇を唱えだされても困ってしまう。かえって神話をないがしろにするような、いい加減な神武天皇実在論の横行も困りものだ。

現在でも、建国記念の日や日本サッカー協会（ＪＦＡ）のマークなどは神武天皇と関係している。その記念碑や史跡が地域振興に用いられている例も少なくない。二〇二〇（令和二）年一一月、ＪＲの宮崎駅が神話にもとづいて、西口を高千穂口、東口を大和口と改称したことをどれくらいのひとが知っているだろうか。

日常の延長線上にあるからこそ、神話を神聖不可侵にせず、かといって毛嫌いしない。いま、それぐらいの適度な距離感が求められているのではないか。

そんな距離感を手にするために、まずは神武天皇をめぐる歴史からひもといてみたい。

血湧き肉躍る建国神話

そもそも神武天皇はいかなる人物だったのか。その足跡は、現存もっとも古い日本の史書である『古事記』と『日本書紀』（両者はまとめて記紀と呼ばれる）に記されている。

この記紀はたいへんユニークな書物で、同じ奈良時代に編纂されたにもかかわらず、ときに大きく神話の内容が異なっている。そこで、ここでは共通する部分をかんたんに取り出してみよう。

神武天皇、本名イワレヒコ（神日本磐余彦尊《かむやまといわれひこのみこと》）は、祖先より代々、九州南部を拠点にしていた。ところがある日、政治を執り行うのによりふさわしい大和に政治の中心を移そうと決意した。

船団を率いて出発したイワレヒコは、途中、九州北部や中国地方のあちこちに立ち寄りながら瀬戸内海を東に進み、大阪湾に上陸した。しかし、地元の豪族であるナガスネヒコ（長髄彦）に阻まれて、兄のヒコイツセ（彦五瀬命）が重傷を負うなど大きな痛手を受けてしまう。

そこでイワレヒコは、あらためて船に乗り、紀伊半島に迂回して熊野に上陸。そこから険しい紀伊山地を越えて、南より奈良盆地に入った。こうしてようやくナガスネヒコを打ち破って、橿原宮《かしはらのみや》で初代天皇に即位した。

『日本書紀』ではこの即位の直前、「八紘《あめのした》を掩《おお》ひて宇《いえ》とせむ」と述べたとされており、後世ここから八紘一宇ということばが作られた。

細かいことを抜きにすれば、神武天皇の物語はこんなところである。パッと読む限り、ゲームやマンガの題材になりそうな血湧き肉躍る建国神話である。

実は忘れられていた神武天皇

ところが、その主人公である神武天皇は、信じがたいことに、幕末までかならずしも重んじられていなかった。忘れられた存在だったと表現する研究者までいる。

その証拠に、江戸時代まで京都御所にあった天皇家の仏壇（御黒戸《おくろど》）には、神武天皇の位牌がなかった。あったのは天智《てんじ》天皇と、その子孫である光仁《こうにん》天皇・桓武《かんむ》天皇以降の天皇のものばかり。神武天皇を含む初期の天皇たちは、祖先供養の対象から外されていたのだ。

たしかに、『日本書紀』には壬申《じんしん》の乱（六七二年に発生した古代最大の内戦）のときに、天武天皇が神武天皇陵に馬や兵器を供えたとの記述が残っている。ただ、平安中期に醍醐《だいご》天皇の勅命で編まれた律令の細則『延喜式《えんぎしき》』をみても、神武天皇陵はほかの天皇陵にくらべて特別な扱いを受けていない。

それどころか、中世になるとその所在は行方不明になってしまった。神武天皇陵が現在地に定められたのは幕末だし、今日のように整備されたのは近代以降。神武天皇とその皇后ヒメタタライスズヒメ（媛蹈鞴五十鈴媛命）を祀《まつ》る橿原神宮も、明治になって創建された。

神武天皇が軽んぜられた理由ははっきりしない。その存在が記紀にしか残らず、没年も

『古事記』では一三七歳、『日本書紀』では一二七歳と、あまりに不自然だったからだろうか。これにくらべると、平安京遷都を実現した桓武天皇（その父が光仁天皇、曽祖父が天智天皇）ははるかに身近に感じやすい。

いずれにせよここで重要なのは、なぜ幕末になって神武天皇が急に思い出されたのかだ。先回りしていえば、それは明治維新に都合がよかったからにほかならない。

革命ではなく原点回帰

一八五三（嘉永六）年のペリー来航で、日本は大きな転換期を迎えた。圧倒的な軍事力と科学力を背景に、世界をその軍門に下らしめてきた西欧列強が、ついに北東アジアにまで押し寄せてきたのである。

このままでは、日本も植民地にされてしまう。それなのに、徳川将軍家の幕府は内憂外患に対応できていない——。

危機感を覚えた志士たちは、政治体制を抜本的にあらためるため、天皇に注目した。当時、衰えたといっても、泰平の世を二六〇年余にわたって築いてきた徳川将軍家の権威はまだまだ大きかった。そんななかで「新しい政治を」と訴えたところで、「なんでぽっと出のお前らが」と反発される恐れがあった。

そこで天皇を押し立てるとどうなるか。

「いやいや、日本はもともと天皇の国だった。歴史をみたまえ。平安京に都を遷したのは桓武天皇。そのまえに大化の改新をやったのは天智天皇。その祖先は――神武天皇だろう。政治改革といっても、原点回帰するにすぎない。だいたい将軍だって、天皇より任命されているぞ」

こう言い返せるわけである。なかなか強力なロジックではないか。

そのため、明治維新の「維新」は英語でRestorationと訳されている。王政復古という意味だ。すべてをひっくり返す革命＝Revolutionではない。少なくとも、明治維新はそういう体裁をとり、みずからの正当性を獲得しようとしたのだ。

「神武創業」という巧妙なロジック

新政府の発足宣言でも、さっそく「神武創業」の文字が使われた。一八六七（慶応三）年一二月、最後の将軍・徳川慶喜による大政奉還ののちに出された、「王政復古の大号令」である。

つぎにその一部を引用する。原文はむずかしいので、「神武創業」の文字を確認するだけでもかまわない。

諸事、神武創業の始にもとづき、搢紳《しんしん》・武弁・堂上・地下《じげ》の別なく、至当の公議を竭《つく》し、天下と休戚《きゅうせき》を同じく遊さるべき叡念につき、おのおの勉励、旧来驕惰《きょうだ》の汚習を洗ひ、尽忠報国の誠をもつて奉公いたすべく候事。

明治天皇は、神武天皇の時代にもとづいて、出自や階級に関係なく、適切な議論を尽くして国民と苦楽をともにするお覚悟なので、みなもこれまでの悪習と決別して、天皇と国家のため努めなさい——。大略そう述べられている。

神武創業の文字は、国学者・玉松操《たままつみさお》の意見で入れられた。かれは、公家から新政府の最高指導者のひとりとなった、岩倉具視《いわくらともみ》の知恵袋だった。原案では「総ての事中古以前に遡回し」だったから、これでグッと印象が変わってくる。たかがスローガン、されどスローガンだ。

とはいえ、武家政権の中世をキャンセルして、天皇中心の古代に戻るというだけならば、べつに天智天皇や桓武天皇をモデルとしてもよかったのではないか。そう思った読者はとても鋭い。まったくそのとおりで、ここにトリックが隠されている。

神武天皇の時代はあまりに古く、政治体制についての記録がほとんど残っていない。本当に出自や階級に関係なく議論していたかといえば、はなはだ疑わしい。

しかしだからこそ、都合がよかった。ほとんど白紙状態ゆえに、新政府は「これが神武創業だ！」と言いながら、事実上、好き勝手に政治を行えるからだ。つまり「神武創業」は、「西洋化」でも「藩閥政治」でもなんでも代入できる魔法のことばだったのである。

現在でも、「これが本来の日本の姿だ！」と言いながら、たんに自分の思い描いた勝手な国家像を押し付けてくるものがいる。たとえば、夫婦同姓。日本の伝統などと言われるが、じっさいは明治以降に一般化したものにすぎない。

われわれは右派・左派問わず、このような原点回帰というロジックにとても弱い。「神社の参道真ん中を歩くのは伝統に反する！」と言われるとハッとしてしまうし、「これがマルクスが言いたかったほんとうの共産主義だ！」と喧伝されるとかんたんに転んでしまう。「本来の姿に帰れ」という掛け声には、なにかやましいものが紛れ込んでいないか、つねに警戒心をもたなければいけない。

洋服採用でも「神武創業」

伝統と言いながら、新しいものを押し付けてくる。このような神武天皇マジックは、一八七一(明治四)年九月の「服制改革の詔《みことのり》」でもさっそく使われた。

明治天皇が洋服の採用を事実上呼びかけたものだが、その理由づけに神武天皇が出てくる。

今衣冠の制、中古唐制に模倣せしより流て軟弱の風をなす。朕太《はなは》だ之を慨《なげ》く。夫《そ》れ神州の武を以て治むるや固《もと》より久し。天子親《みずか》ら之が元帥と為り、衆庶以て其風を仰ぐ。神武創業、神功《じんぐう》征韓の如き、決て今日の風姿にあらず。（中略）朕今断然其服制を更《あらた》め、其風俗を一新し、祖宗以来尚武の国体を立んと欲す。

たかが服というなかれ。服制は民族の自尊心ともつながり、意外とやっかいだ。たんに「洋服にせよ」というだけではしたがってくれないかもしれない。

事実、隣の大韓帝国では、一九〇〇（明治三三）年に洋服が導入されたが、それには夷狄《いてき》の文化を受け入れるのかという強い反発があった。

そこで日本で打ち出されたのが、「神武創業、神功征韓の如き、決て今日の風姿にあらず」。つまり、日本は古くより武を重んじており、神武天皇や神功皇后の時代は決して今日のような姿ではなかった。したがって、今日の服制は仮初《かりそめ》のものにすぎず、べつにこだわる必要はないという理屈である。

神功皇后とは、仲哀《ちゅうあい》天皇の皇后で、軍隊を率いて朝鮮半島を攻めて新羅《しらぎ》・百済《くだら》・高句麗《こうくり》を屈服させた、武功あらたかな女性をいう（詳しくは第三章参照）。

神武天皇も、神功皇后も、伝説上の人物であって、その服制は正確にはわからない。そこで、武を重んじていたというところだけを引っ張ってきて、軟弱な現在の服制をあらためよという。

だったら、奈良時代あたりの服制にでもすればいいではないかと思うが、そうなっていないのがポイントだ。あくまで「武を重んじていた伝統に戻れ」。だが、それの意味しているところは事実上ひとつだった。いま武で優れているところといえば、西洋しかないのだから。

その証拠に、一八七三（明治六）年には、髭をはやし、洋装した若き明治天皇の写真が撮影・公表された。

正面からヨーロッパ化しようと言えば、反発を招きかねない。だが、武を重んじていた神武創業に帰るといえば、たとえ洋服の採用でも伝統に則っている気がしてくる。このようなトリックで、ひとびとのプライドをできるだけ傷つけず、すみやかに西洋化を図ったのである。

皇紀に込められた思い

紀年法の採用でも、同じように神武天皇マジックが使われた。

日本ではそれまで、元号で年を把握していた。ただ、元号は代替わりや大きな事件などのたびに変わり、時系列での把握がむずかしかった。安政三年、慶応元年といわれても、安政のほうが慶応より早いと知っておかなければ前後がわからないし、また両者の間にどれくらい間隔が開いているかは別に計算しなければならない。

その点、西洋ではキリストの誕生年を紀元としているため（西暦）、全体像をつかみやすい。第一回十字軍は一〇九六年、東ローマ帝国の滅亡は一四五三年、フランス革命の発生は一七八九年という具合だ。

そのため、日本でも独自の紀年法が必要ではないかという議論が起こった。とはいえ、西暦をそのまま採用するのははばかられる。そこで考えられたのが、神武天皇の即位した年を紀元とする、神武天皇即位紀元（神武紀元、皇紀）の創設だった。

これなら便利だし、日本人としてのプライドも保ちやすい。ただ、問題もあった。神武天皇の即位日は『日本書紀』に「辛酉年《かのとのとりのとし》の春正月の庚辰の朔《かのえたつついたちのひ》」と書かれているばかりで、具体的にいつなのかよくわかっていなかった。

そこで一八七二（明治五）年、太陽暦の採用を機に算定が行われたが、なにぶん古いテキストなので紆余曲折があった。紀元はいったん紀元前六六〇年の一月二九日に定められたものの、一八七三（明治六）年、あらためて同年の二月一一日に定められた。今日の「建国記念の日」（戦前は紀元節）の起源である。

もちろん、神話上のことだから、確たる根拠があるわけではない。ただ、それは西暦も同じこと。本当にキリストが西暦元年に生まれたかははなはだ疑わしい。とにかく重要なのは、神武天皇の即位日が確定したことで、日本独自の紀年法が可能になったことだ。たとえば、今年二〇二三年は、六六〇を足して、皇紀二六八三年に換算できる。

もっとも、結果的に皇紀が広く使われたわけではなかった。戦前、広く使われたのは西暦もしくは元号だった。それでも、皇紀は国威発揚にはもってこいだった。西暦より六六〇年も長いため、日本の建国がいかにも古く感じられるからだった。

同じような紀年法は、近隣の国にも存在する。清朝の黄帝紀元、韓国の檀君《だんくん》紀元がわかりやすい。いずれも伝説上の君主をもとにしており、檀君紀元だと二〇二三年はなんと四三五六年にもなる。

また皇紀は兵器の名称にも使用された。

日本海軍の有名な戦闘機にゼロ戦がある。百田尚樹の小説『永遠の0』、宮崎駿監督の映画『風立ちぬ』などにでてくるあの名機だ。正式には零式艦上戦闘機というが、このゼロは正式採用された年、すなわち皇紀二六〇〇（西暦では一九四〇）年の末尾から取られている。

このように皇紀は、象徴的な場面で効果的に使われた。現在でも、神社の紀年法は皇紀のばあいが多いので、初詣のときなどに確認してみるとよい。

休日も天皇一色に

すべてを天皇の色で染め上げよ。そんな明治の日本改造計画は、休日にも及んだ。

そもそも江戸時代までは、中国由来の五節句が式日（儀式を行う日）として重んじられていた。明治政府もはじめこれをほぼ踏襲し、一八七〇（明治三）年四月、つぎのように休日を定めた。

大正月（一月一日）　小正月（一月一五日）
三月三日（上巳《じょうし》の節句）　五月五日（端午の節句）
七月七日（七夕の節句）　七月一五日（中元、お盆）
八月朔日（八朔田実《はっさくたのむ》の節句）　九月九日（重陽の節句）
九月二二日（天長節）

雛祭りの三月三日や、鯉のぼりの五月五日などが、正式な休みだったわけだ。七夕や中元などは、あらためて説明はいらないだろう。八朔は稲の実りを祝う日。このなかで明治政府らしいのは、明治天皇の誕生日である天長節ぐらいである。

ところが、これらの休日はすぐに廃止され、一八七三（明治六）年、天皇中心の国家にふさわしい休日があらためて定められた。

元始祭（一月三日）　　新年宴会（一月五日）
孝明天皇祭（一月三〇日）　　紀元節（二月一一日）
神武天皇祭（四月三日）　　神嘗祭《かんなめ》（九月一七日）
天長節（一一月三日）　　新嘗祭《にいなめ》（一一月二三日）

驚くべきビフォーアフター。江戸時代の名残が跡形もなく消し去られていることがわかる。

一八七八（明治一一）年、ここに春季皇霊祭（三月春分の日）と秋季皇霊祭（九月秋分の日）が加わり、翌年、神嘗祭が一〇月一七日に移動して、明治年間の休日が定まった。なお、新年節（一月一日）は慣例により休日扱いだった。

このうち、新年節、紀元節、天長節、新年宴会は祝日とされ、新年宴会を除く三つは三大節と総称された。そして残りの七つは宮中祭祀に関係する祭日とされ、七祭日と総称された（三大節七祭日）。

現在でも休日のことを祝祭日という年配のひとがいるが、その名称はこれに由来する。とにもかくにも、江戸時代と異なり、天皇なしでは考えられない休日の並びとなったのである。

こういう経緯で定められた祝祭日は、大東亜戦争の敗戦後、国民主権や政教分離に反しかねないので廃止された。ただしその多くは、一九四八（昭和二三）年七月の祝日法で「国民の祝日」に引き継がれた。

すなわち、春季皇霊祭が春分の日に、秋季皇霊祭が秋分の日に、天長節が天皇誕生日に、新嘗祭が勤労感謝の日に、明治節（昭和に明治天皇の誕生日を明治節とした）が文化の日に、それぞれ衣替えした。

そのなかで紛糾したのが、神武天皇即位日にもとづく紀元節だった。日本側はこれまでどおり休日にしようとした。ところが、ＧＨＱより拒絶されたため、戦後しばらく二月一一日は平日だった。

それがふたたび休日になったのが、一九六六（昭和四一）年六月のこと。長年、紀元節の復活に取り組んできた自民党の主導で祝日法が改正されて、ようやく建国記念の日が定められたのである。

ただし、野党などに強硬な反対意見があったため、紀元節の復活とはうたわず、名目も「建国をしのび、国を愛する心を養う」日と曖昧に規定された。二月一一日という日付も政令で別途定められた。建国記念日ではなく建国記念の日なのは、複雑な歴史的背景の痕跡なのだ。

とはいえ、結局月日はまったく同じなのだから、現在のわれわれの休日にも明治維新の影響がかなり及んでいることになる。

森友学園が「コスプレ」だった理由

このような祝祭日の名称をみると、いかにも古めかしく、由緒正しいように思える。

ところが、古くより同じ名称で曲がりなりにも続いてきたのは、伊勢神宮に新穀をまつる神嘗祭と、神々に新穀をまつる新嘗祭ぐらい。あとは明治になって創作されたか、仏教色を排除するなど、大幅にアレンジされたものだった。

もちろん、それまで重んぜられていなかった神武天皇の崩御日とされる神武天皇祭も、近代の創作だった。まさに「創られた伝統」（イギリスの歴史家エリック・ホブズボームのことば）だったのである。

そのため、このような耳慣れない記念日をひとびとに定着させるために、義務教育をになう尋常小学校で、新年節、紀元節、天長節の三大節に職員と児童を集めて儀式を執り行うことになった（はじめは祭日にも集まることになっていたが、あまりに多すぎてありがたみに欠けるので三大節に限定された）。

その式次第は、一八九一（明治二四）年制定の小学校祝日大祭日儀式規程をへて、一九〇〇（明治三三）年制定の小学校令施行規則でほぼ完成した。後者の概略はつぎのとおりだった。

①職員と児童、「君が代」を合唱
②職員と児童、御真影に最敬礼
③学校長、教育勅語を奉読
④学校長、訓話
⑤職員と児童、唱歌を合唱

天皇のありがたさを体に叩き込む。そのため、児童たちはみな九〇度に頭を下げて、校長が恭しく読み上げる教育勅語を聞かなければならなかった。

そこでうたわれる唱歌もけっして娯楽ではなく、国民教化の手段だった。どの日にどの歌をうたうのかもきっちり定められていた。

一例として、紀元節にうたわれた「紀元節」（高崎正風作詞、伊沢修二作曲）をあげてみよう。

雲に聳《そび》ゆる高千穂の　高根おろしに草も木も
なびきふしけん大御世を　仰ぐ今日こそたのしけれ

海原なせる埴安《はにやす》の　池のおもより猶《なお》ひろき
めぐみの波に浴《あ》みし世を　あふぐけふこそたのしけれ

天つひつぎの高みくら　千代よろづよに動きなき
もとゐ定めしそのかみを　仰ぐけふこそたのしけれ

空にかゞやく日のもとの　万の国にたぐひなき

国のみはしらたてし世を　あふぐけふこそたのしけれ

一番から四番までは、それぞれ「武徳の頌《しょう》」「仁徳の頌」「皇基の頌」「国体の頌」に対応する。よくいえば厳かだが、悪くいえば堅苦しい。とはいえ、校長の一存でこれを差し替えることは絶対に許されていなかった。

それが戦前というものだったのである。

二〇一七（平成二九）年、森友学園運営の幼稚園で行われていた教育が大きく問題になった。園児に軍歌をうたわせ、教育勅語を暗唱させる。それが右派から愛国教育と讃えられ、左派から戦前回帰にあたると批判されたのだ。

だが、両者ともあまりに戦前を知らなすぎたのではないか。戦前の式次第はさきのように厳格に定められていたのであり、教育勅語はガヤガヤとみんなで唱えるものではなかったし、「愛国行進曲」や「日の丸行進曲」などの軍歌がかならずしもうたわれるわけではなかった。

森友学園の教育はその実、戦前の二次創作であり、たんなるコスプレにすぎなかった。戦前を語るまえに戦前を知るべきだというのは、こういう理由である。

「君が代」はなぜ普及したか

ちなみに現国歌「君が代」は海軍省と宮内省の主導でつくられ、一八八〇（明治一三）年一〇月にはじめて披露、そしてこのような小学校の儀式を通じて広く普及した。

よく知られるようにこの歌は、一九九九（平成一一）年八月まで国歌として法制化されていなかった。「君が代」の地位はかならずしも安泰ではなく、明治初期には陸軍省や文部省で別の国歌作成が検討されてもいた。暗すぎるので、もう少し明るい歌がほしいという声まであった。

にもかかわらず、「君が代」が事実上の国歌として定着できたのは、義務教育で教えられていたからだった。レコードも、ラジオも、テレビも、インターネットもない時代、すべてのこどもが通過する小学校の儀式の場は、比類なき影響力をもっていたのである。

では、戦前の児童たちはわざわざ休日に学校に呼び出されて、楽しくもない式典に参加させられていたのをどう感じていたのか。

当時の記録を読むと、式典の最後には紅白饅頭などの茶菓が配られることが多かった。児童の多くはこれを楽しみに、学校に馳せ参じていたらしい。このころ、甘いものはたいへん貴重だった。

花より団子だが、それでも式典に参加した以上、なんらかの教えは多少なりとも注入されたことだろう。まさに娯楽を通じた国民の教化。筆者はこのような試みを「楽しいプロパガンダ」と呼んでいるが、その無意識下に与える影響はけっして侮れない。

「再発見」された神武天皇陵

少し脱線したが、このように神武天皇の重要度が高まっていくと、神武天皇陵も放ったらかしにはできなくなった。

神武天皇陵は、『古事記』に「御陵は畝火山《うねびやま》の北の方の白檮尾《かしのお》の上にあり」、『日本書紀』に「畝傍山東北陵に葬りまつる」と記されている。

やはり記紀で内容が微妙に異なるのだが、現在の奈良県橿原市にある畝傍山の北ないし東北に神武天皇陵があったという点では共通している（1－5）。

神武天皇陵は、『日本書紀』や『延喜式』に記述が残っており、古代には存在していたようだ。だが、さきにも述べたように、中世になると荒廃して所在がわからなくなってしまった。

記紀の記述にもとづいて場所探しが行われたのは、泰平の世が訪れた江戸時代になってからだった。有力候補は、畝傍山東北裾野にある塚山（現・橿原市四条町）、丸山（同山本町）、神武田《じぶでん》（同大久保町、別名ミサンザイ）の三ヵ所だった。

1-5　神武天皇陵（2016年11月撮影）

もっとも、確たる証拠があったわけではない。江戸中期の元禄年間に行われた幕府の修陵事業では、神武天皇陵は塚山に定められたが（これを専門用語で「治定《じじょう》」という）、現在ここは二代目の綏靖《すいぜい》天皇陵となっている。

神武天皇陵が今日の場所に定められたのは、やはり幕末になってからだった。天皇の存在感が高まるなかでふたたび幕府により大規模な修陵が行われて、一八六三（文久三）年、勅裁により神武天皇陵が神武田に変更されたのである。

この場所は名前のとおり、水田だった。しかも江戸初期には、人糞を用いる糞田だったという記録も残っている。そんななかにあった土壇（国源寺という寺院の跡とされる）を基礎として土手や拝所、鳥居などが設けられた。糞田から天皇陵とは、なんともダイナミックな変化といわざるをえない。

なお残りの丸山は、畝傍山にもっとも近く、本居宣長《もとおりのりなが》や蒲生君平《がもうくんぺい》といった江戸時代の代表的な知識人も推した有力地だった。それでも外されたのは、近くに被差別部落があったからだといわれる。

やがて明治時代に入ると、さらに神武天皇陵の整備が進んだ。一八九八（明治三一）年には、周濠のなかに円墳が築かれて、古墳の体裁が整えられた。そして皇紀二六〇〇年に大規模に整備されて、現在のように堂々たる姿になったのである。

急造された橿原神宮

その神武天皇陵のすぐ南には、神武天皇とその皇后ヒメタタライスズヒメをまつる橿原神宮が鎮座する。この神社は、その古い由緒にもかかわらず、やはり近代の創建である（1－6）。

創建の発端は地元の請願だった。これだけ神武天皇が注目されているのに、即位の地である橿原宮跡に神社がないのはおかしい。この意見を受けて、一八九〇（明治二三）年、この年が皇紀二五五〇年にあたることを記念して、橿原神宮が創建された。同年はまた、大日本帝国憲法が施行されて立憲政治がはじまった年でもあった。

当時の神社はすべて国家の管理下にあり、神社の勢いや祭神の尊貴さに応じて格付けが

1-6　橿原神宮（2016年11月撮影）

行われていた。橿原神宮はそのなかで最高格の官《かん》幣《ぺい》大社に列せられた。

そして明治天皇の意向により、本殿には京都御所の温明殿《うんめいでん》、拝殿には同じく神嘉殿《しんかでん》が用いられた。のち神楽殿《かぐらでん》となった後者は一九九三（平成五）年に焼失したが、前者は現在でもそのまま使われている。

今日、橿原神宮を訪れると約一六万坪もの広大な敷地に驚くが、はじめからそうだったわけではない。創建当初は約二万坪。それが大正年間の神武天皇二五〇〇年祭（神武天皇崩御より二五〇〇年の祭典）や、昭和戦前期の皇紀二六〇〇年の整備事業などで順次拡張されて、現状にいたったのである。

橿原神宮では、現在でも二月一一日、紀元祭が勅使参向のもとで執り行われている。

筆者は二〇〇〇年代前半、高校生だったとき、見学に行ったことがある。駐車場には、各種のスローガンも鮮やかな黒塗りの街宣車がひしめき、参道では、戦闘服に身を包んだ右翼団体の構成員たちが足音高く行進し、遠くからはどこからともなく軍歌が鳴り響いていた。そしてそのなかを、勅使がしずしずと進んでいく——。忘れられない光景だった。

神社の受付で式典への参加を希望すると、本殿のまえのテントに通された。そのときうたわれたのも、「君が代」と先述の唱歌「紀元節」だった。隣の男性高齢者は歌詞カードもみず、「紀元節」を高唱したので驚いた。まさに小学校で行われていた儀式のたまものだった。

明治維新は「中世キャンセル史観」

神武創業の時代は曖昧だったので、そのぶんなんでも代入することができた。明治新政府にとって、神武天皇が使い勝手がよかった理由はそれだけではない。神武天皇がみずから兵を率いて戦う軍事指導者だったことも見逃せない部分だった。

時代は多少前後するが、このような軍人天皇像は、一八七三（明治六）年一月、徴兵令が施行されるにさきだってさっそく利用された。徴兵は西洋の制度を模倣したものではなく、神武天皇以来の伝統だとされたのである。

前年一一月に布告された徴兵告諭をみてみよう。

我朝上古の制、海内挙て兵ならざるはなし。有事の日、天子之が元帥となり丁壮兵役に堪ゆる《ママ》者を募り、以て不服《ふくせざる》を征す。役を解き家に帰れば、農たり工たり又商賈《しょうこ》たり。固より後世の双刀を帯び武士と称し抗顔坐食《こうがんざしょく》し、甚しきに至ては人を殺し、官其罪を問はざる者の如きに非ず。

日本ではもともと国民皆兵であり、有事のときには天皇が司令官となり、働き盛りの健康な男性が兵役についた。そう述べられている。これにたいして武士はイレギュラーな存在であり、「抗顔坐食」（驕り顔で働かずに飯を食う）だとずいぶん酷く言われている。

神武天皇の名前は、つづく箇所に出てくる。

抑《そもそも》、神武天皇珍彦《うずひこ》を以て葛城の国造《くにのみやつこ》となせしより、爾後《じご》軍団を設け衛士《えじ》防人《さきもり》の制を定め、神亀天平の際に至り六府二鎮の設け始て備る。

珍彦とは、神武天皇が大和へ向かって海路を進むとき水先案内を買って出た神をいう。

「徴兵告諭」では、この珍彦を国造にしたことを徴兵制度の始源とみている。

その後、古代に順次軍事制度が整えられたものの、中世になって武士が台頭してすべて台無しにしてしまった。しかるに明治維新になり、神武創業に戻った以上、古代の徴兵制を復活させるのは当然だと続く。明治維新は、徹底して中世暗黒史観、中世キャンセル史観なのである。

もっとも、このような歴史観がただちに受け入れられたわけではない。徴兵告諭では「西人之を称して血税と云ふ」の部分がもっとも注目された。徴兵は血の出るような苦労をして納める税金（つまり身命を賭する義務）だという西洋人の暗喩なのに、文字どおり「税金として生き血を取られる」と誤解され、血税一揆の一因となってしまったのだ。

軍人勅諭の狙い

そのため、中世暗黒史観はなんども強調されなければならなかった。一八八二（明治一五）年一月に出された軍人勅諭では、それがより明確に示されている。

日本軍というと、上官の理不尽な命令でも粛々と従って玉砕していったイメージがある。たしかに、大東亜戦争のころはそうした場面が多々あった。

とはいえ、明治初期のころはかならずしもそうではなかった。一八七八（明治一一）年八月には、近衛砲兵大隊の兵卒二〇〇名余が、西南戦争の論功行賞に不満でなんと反乱を起こしている（竹橋事件）。

自由民権運動の高まりも関係があったといわれているが、いずれにせよ、もっとも忠実であるべき近衛兵の反乱は、新政府に大きな衝撃を与えた。

そこで、軍隊の規律を正すために、明治天皇より陸海軍の軍人に軍人勅諭が与えられたのである。起草には、思想家の西周《にしあまね》、法制官僚の井上毅《いのうえこわし》、ジャーナリストの福地源一郎《ふくちげんいちろう》などが加わり、最後に陸軍卿の山県有朋《やまがたありとも》が修正を加えた。

軍人勅諭は、漢字とひらがなの平易な和文体で書かれている。一般の兵卒にも読んでもらわないといけないので、漢字とカタカナの難解な漢文訓読体を採用しなかったのだ（当時の公文書はもっぱら後者だった。ただし本書では、引用にあたりカタカナをひらがなに直している）。

それでも現代人には読みにくいのだが、とりあえずその最初の部分を引いてみよう。

我国の軍隊は、世々天皇の統率し給ふ所にぞある。昔神武天皇躬《み》づから大伴物部《おおとももののべ》の兵《つわもの》どもを率ゐ、中国《なかつくに》のまつろはぬものどもを討ち平げ給ひ、高御座《たかみくら》に即かせられて天下《あめのした》しろしめし給ひしより、二千五百有余年を経ぬ。

こちらではいきなり神武天皇が出てくる。概略はつぎのとおり。

日本の軍隊は、もともと天皇が統率するところのものである。神武天皇もかつて、古代の軍事氏族である大伴氏や物部氏の兵隊をみずから率いて、ナガスネヒコたちを討ち滅ぼし、天皇に即位された。二五〇〇年余りまえのことだ。

ところが——と、軍人勅諭はつづく。中世になって、この本来の姿が失われた。軍事指揮権は武士たちのもとに移り、およそ七〇〇年もの月日がすぎてしまった。

ここからの展開はなんとなく読めるだろう。そう、幕末・明治になって、ようやく古代の制度に戻ったというのだ。そして今後は天皇が軍事指揮権をしっかり握り、けっして臣下に委ねるつもりはないので、このことをよくわきまえて、もう二度と中世のような「失体」がないように望むと強調される。


夫《それ》兵馬の大権は、朕が統《す》ぶる所なれば、其司々《つかさづかさ》をこそ臣下には任すなれ、其大綱は朕親《みずから》之を攬《と》り、肯《あえ》て臣下に委ぬべきものにあらず。子々孫々に至るまで篤く斯旨を伝へ、天子は文武の大権を掌握するの義を存して、再中世以降の如き失体なからんことを望むなり。朕は汝等軍人の大元帥なるぞ。

明治天皇はここで、神武天皇のような軍事指揮者、すなわち「大元帥」として君臨することを高らかに宣言している。中世は暗黒時代であり、その前後の時代――古代と近代――こそ本来の姿だ。あらためていうまでもなく、これが新政府の歴史観だった。

そしてこのように述べたうえで、軍人勅諭は、軍人として守るべき項目として「忠節」「礼儀」「武勇」「信義」「質素」の五つを列挙する。

一　軍人は忠節を尽すを本分とすべし。
一　軍人は礼儀を正くすべし。
一　軍人は武勇を尚《とうと》ぶべし。
一　軍人は信義を重んずべし。
一　軍人は質素を旨とすべし。

軍隊の統制に心を砕いた山県有朋がもっとも強調したかったのは、忠節の項に記された「世論に惑はず政治に拘らず」の部分だったのだろう。ただそれも、たんに「従え」というだけではうまくいかない。そこで、神武天皇の歴史が引き合いに出された。これもまた、原点回帰するにすぎないのだと。

神武天皇というシンボルは、まことに使い勝手のよいものだった。

二羽の霊鳥――金鵄と八咫烏

神武天皇と軍事では、金鵄《きんし》勲章の存在も外せない。

金鵄勲章は、戦争で武功抜群とされた軍人軍属に与えられた勲章である。一八九〇（明治二三）年に定められ、功一級から功七級までの等級に分かれ、一八九四（明治二七）年からは終身年金も付与された。金鵄勲章は日本の軍人にとって、もっとも名誉ある勲章のひとつだった。

ここでいう金鵄ということばも、神武天皇に由来する。神武天皇が奈良盆地で宿敵のナガスネヒコと戦っていたとき、金色のトビが舞い降りて、天皇の弓の先に止まって輝き、相手側を目眩ましした。その隙をついたことで、天皇の軍勢は勝つことができた。この故事から、勲章の名前に採用されたのだ。

勲章創設の詔勅にもこう記されている。

> 朕惟《おもん》みるに神武天皇皇業を恢弘し、継承して朕に及べり。今や寔《はる》かに登極紀元を算すれば二千五百五十年に達せり。朕此期に際し天皇戡定《かんてい》の故事に徴し、金鵄勲章を

創設し、将来武功抜群の者に授与し、永く天皇の威烈を光《あきらか》にし、以て其忠勇を奨励せんとす。

さきほども述べたとおり、橿原神宮が創建され、大日本帝国憲法が施行された一八九〇（明治二三）年は、皇紀二五五〇年にあたる。ここでもそのことが明記されている。中世をキャンセルすることで、神武天皇が率いた古代の軍隊と、現在の日本軍を結び付ける。軍人勅諭とまったく同じロジックである。

なお神武天皇の神話にはもうひとつ、八咫烏《やたがらす》という霊鳥が登場する。上陸した熊野から大和盆地まで、嶮峻《けんしゅん》な紀伊山地を越えるときに神武天皇を道案内したとされる。金鵄とよく混同されるので、ここで簡単に触れておこう。

この八咫烏は、しばしば三本足のカラスで描かれる。記紀に足の数は書かれていないものの、中国の古典で三本足のカラスが太陽のシンボルとしてしばしば言及されるので、それと重ねられたらしい。

もっとも有名な八咫烏のデザインは、日本サッカー協会（ＪＦＡ）のマークだろう。前身である大日本蹴球協会の時代、一九三一（昭和六）年に、彫刻家の日名子《ひなご》実三《じつぞう》（かれはまた宮崎市に立つ八紘一宇の塔の設計者でもある）のデザインで制定された。やはり三本足のカラ

1-7　JFAのマーク（日本蹴球協会編『日本サッカーのあゆみ』講談社、1974年より）

スがサッカーボールを押さえている（1－7）。

ただし、足の数はかならずしも一定したわけではなかった。同じく日名子のデザインでつくられた支那事変従軍記章では、八咫烏の足が二本になっている。原案では三本だったが、製造する造幣局の意向により、二本にあらためられた。

支那事変従軍記章は、日中戦争に従軍した軍人を顕彰するものだ。記紀に記されていないのに、中国の古典にもとづいて足を三本にしてよいのか。神武天皇に由来する霊鳥だけに、慎重に検討されたという。

「神武天皇と今上陛下は御一体」

このように神武天皇の存在感が高まると、挿絵などで具体的なイメージが求められるようになった。

現在、神武天皇というと、どのような姿を想像するだろうか。試しにグーグルでイメージ検索してみると、その特徴はおおよそつぎのとおりとなる。

長い髪を左右に分け、両耳のところで束ね（みずら）、首元には勾玉のネックレス。顔つきは凛々しく、豊かな口髭と顎髭を蓄える。白くゆったりとした上着は腰もとの帯で締められ、袴も膝下あたりで上から紐でくくられている。そして腰に太刀を佩《は》き、背中に矢筒（靭《ゆぎ》）を背負い、片手には長い弓。そして弓の先には金鵄が輝いている。

当時のイメージもここから大きく離れるわけではない。『日本教科書大系』で明治期の歴史教科書をみてみると、大きく違うのは頭部ぐらい。顔が平安絵巻のような引目《ひきめ》鉤鼻《かぎばな》だったり、髪型が長髪もしくは髷だったりする。ただどれも鮮明とはいいがたく、細かい分析には向かない（1－8）。

1-8　教科書で描かれた神武天皇
（『帝国小史』甲号巻之一〈『日本教科書大系 近代編　第19巻　歴史（二）』収載〉より）

そこで、ここでは彫像をみてみたい。立体物の彫像は、挿絵と違って三六〇度、細部まで作り込まなければならず、ごまかしが利かないからだ。

その先駆例は、東京美術学校（現・東京芸術大学美術学部）教授の竹内久一によって制作された、木像の神武天

1-9　竹内久一制作の神武天皇像
（『日本及日本人』1940年4月号より）

皇である。新聞『日本』の懸賞当選作品で、一八九〇（明治二三）年、第三回内国勧業博覧会に出品された。やはり皇紀二五五〇年のことだった（1－9）。

この木像は、大八洲《おおやしま》（日本の異称）、八咫鏡（皇位の象徴である三種の神器のひとつ）、八紘から、高さは八尺（約二・四メートル）とされた。やはりゆったりした衣服を身に着け、勾玉のネックレスをつけ、太刀を佩いている。

際立った特徴は、今回も頭部である。まず、髪型はみずらではなく、オールバックになっている。しかしそれ以上に興味深いのは、顔の彫りが深く、凜々しいことだ。ここが平安絵巻のようであった教科書のそれとは大きく異なる。

神武天皇といっても、その顔がわかるわけがない。想像するにしても手がかりがほしい。一歩まちがえれば、不敬と責められかねない——。竹内は困った挙げ句、ついに明治天皇に似せることを思いついた。

天皇は万世一系である、神武より今上まで連綿として引き続いて居る日本は芽出度い国柄である、そして見ると神武天皇と今上陛下は御一体である、御一体でなくてはならぬ、されば宜しく　陛下を摸し奉るに如《し》くものはないとて即座にさう定めてしまつた。（「先帝陛下と神武天皇」）

神武天皇から途切れず今上天皇まで皇統が連綿とつづく日本では、神武天皇と今上天皇は一体でなければならない。竹内はこう理屈づけることで、明治天皇を模写することを正当化した。

なるほど、そう言われてあらためて神武天皇の木像をみると、明治天皇の面影が感じられなくもない。

西洋化こそ古代回帰？

竹内は明治天皇の姿を直接見たというが、やはり参考にしたのはわれわれもよく知るあの御真影（お写真）ではないか。

短髪で豊かな髭を蓄えた明治天皇が、軍服を着用し、胸を張り出すように椅子に腰掛け、左手はサーベルを摑み、右腕はサイドテーブルに載せながら、こちらを凝視している――。この御真影は一八八八（明治二一）年に撮影され、一八九〇年代以降、各小学校などに頒布されたものである。

この御真影の成立については、猪瀬直樹の『ミカドの肖像』がもっとも先駆的によくまとめている。

それまで明治天皇の肖像は、明治初期に撮影された写真（和装と軍装）と、それをモデルに描かれた絵画だった。これらは、髭が薄く、顎が細く、いかにも東洋人らしい見た目をしている。

ところが、有名な御真影では、いかにも西洋の君主らしい大柄な風体をしている。なぜか。それは、日本政府に招かれたイタリア人の銅版画家エドアルド・キヨッソーネが記憶をもとに描いた肖像画を、写真家の丸木利陽が撮影したものが御真影だったからである。

明治天皇は写真嫌いだったため、このような複雑な手段がとられたのだ。

キヨッソーネはモデルの写真があるときは、それに忠実に描いた。だが、それを欠き、想像力に頼ったばあい、どうしても慣れ親しんだ西洋人の姿に引きずられた。

現実よりも、凛々しく、雄々しく、西洋風に。そんな明治天皇の御真影をもとに、神武天皇像もつくられたのだとすれば――。これほど皮肉なこともあるまい。

というのも、西洋を内面化させた明治天皇の肖像をもとに神武天皇像をつくることで、現在の西洋化された明治天皇こそ神武天皇の復活だと循環的に説明することができるようになっているからである。

言い換えれば、西洋化こそ古代回帰だという倒錯したロジックがここで可視化されている。神武創業とは、やはり西洋化だったのだ。

召喚される古代の英雄

じつはヨーロッパでも、「忘れられた古代の英雄」に注目が集まったことがある。中世まで自分たちをローマ人と同一視していたヨーロッパ人は、ナショナリズムに目覚めた結果、むしろローマ人は外敵であり、かれらより故郷を守ろうと戦った地元の首長や族長を祖先として讃えるようになった。

フランス人は、カエサルと死闘を繰り広げたガリアの首長ウェルキンゲトリクスを、イギリス人は、ブリテン島で反逆を起こした女王ブーディカを、ドイツ人は、トイトブルクの森の戦いでローマ軍団を撃滅したゲルマン人の首長アルミニウス（ヘルマン）を、それぞれ持ち上げた。

それまでローマ史書の端役にすぎなかった人物たちが、急に重要になったのである。こ

1-10　デトモルトのヘルマン記念碑
（2022年10月撮影）

のような読み替えが必要なかったのは、それでもなおみずからをローマ人に同一視できたイタリア人くらいだろう。

これら首長や族長は過去の英雄といいながら、みずからの姿であることは論をまたない。ブーディカはその名前の由来から（ケルト語で勝利を意味するbouda）、ヴィクトリア女王と同一視された。

フランス中東部のアリーズ・サント・レーヌに建てられたウェルキンゲトリクス像の顔は、当時のフランス皇帝ナポレオン三世に似ているといわれる。

そしてドイツ北西部のデトモルトに建てられたヘルマン記念碑は、ドイツ統一を成し遂げた皇帝ヴィルヘルム一世をこう讃えている。「長きにわたり散り散りになりたる諸部族を雄々しき力もて結びつけ、外つ国の軍勢と策謀を凱歌高く打ち破り、長らく道に迷いたる子らをドイツ帝国に帰還せしめたるかれこそ、救世主アルミニウスと同じなれ」（1－10）。

こうしてみると、神武天皇＝明治天皇は、世界史的な流れのなかにおくこともできる。

全国各地の神武天皇像

神武天皇像は竹内久一による木像以降も、継続してつくられている。現在、日本には戦後のものを含めて数十体の神武天皇像が存在する。こんな天皇はほかに例がない。

建立時期では、日清戦争後、日露戦争後、大正時代、昭和戦前期、戦後の五つに分けられる。ここでは、日清戦争後と日露戦争後をみてみよう。

まず、日清戦争後につくられた像には、徳島市と愛知県豊橋市のものがあげられる。

徳島市の神武天皇像は、眉山の中腹に立っている（1-11）。丸亀歩兵第一二連隊に入隊し出征した徳島県人九七一名の醵金《きょきん》により、一八九七（明治三〇）年に建てられた。鋳造は、永尾長左衛門。もともと近くの八坂神社前にあったが、一九〇六（明治三九）年、現在地に移された。

ずんぐりとした体型で、長髪を左右に流している。顎髭は長く、上衣に届き、首が見えないほど。顔はノッペリしていて、ほかのどれにも似ていない。いわば、イレギュラーな神武天皇像だ。

ただし、左手に握った弓のさきにはしっかり金鵄が乗っている。太刀、矢、やなぐいも

1-11　徳島市の神武天皇像
（2022年2月撮影）

1-12　愛知県豊橋市の神武天皇像
（2020年7月撮影）

あったものの、戦後に外されてそのままになっているともいう。

いっぽう豊橋市の神武天皇像は、豊橋公園の奥に立っている（1－12）。もともとは、一八九九（明治三二）年、巨大な「征清紀念碑」（揮毫《きごう》は小松宮彰仁《こまつのみやあきひと》親王）の最上段に設置するためにつくられたものである。作者は、皇居前広場の楠木正成《くすのきまさしげ》像や上野公園の西郷隆盛像をてがけた、鋳金家の岡崎雪声《おかざきせっせい》。

豊橋市練兵場の南にあった記念碑は、全体で約一五メートルもの高さがあった。そのため、軍都として知られた同市のランドマークとなっていたが、一九一六（大正五）年、移設にともなって規模が縮小された。

そして敗戦後の一九四五（昭和二〇）年、取り壊されたものの、神武天皇像の部分だけは秘匿され、一九六五（昭和四〇）年、ようやく現在地に移された。

横からみるとかなり恰幅がいいけれども、この像はわれわれのもつ神武天皇のイメージにかなり近い。髪型はみずら。顔も御真影の明治天皇をほうふつとさせる。

はじめ作者の岡崎は、竹内の神武天皇像をモデルにしようとしたものの、竹内に断られたため、あらたにデザインしたとされる。ただ、竹内の木像を知っていたのだから、それに影響されていたとしてもふしぎではない。

変化する神武天皇像の表情

つぎに、日露戦争後につくられた像には、新潟市と富山県氷見《ひみ》市のものがあげられる。

新潟市の像は、新潟市在郷軍人会が主体となり、一九〇七（明治四〇）年、白山《はくさん》公園に設置された（1－13）。鋳造は岡崎雪声、デザインは東京美術学校教授の島田《しまだ》佳矣《よしなり》が担った。台座にある「昭忠」の文字は、山県有朋による。

豊橋の像と同じく岡崎が関わったものだが、デザインはかなり変わっている。神武天皇が、日本列島と朝鮮半島を金泥で塗った地球儀のうえに屹立。金鵄も弓の先ではなく、高く掲げられた右手に止まっている。髪はみずらを結い、顔は豊橋のものに近い。

日露戦争に勝利して、一等国となったぞという当時の日本人の誇りが伝わってくるよう

1-13　新潟市の神武天皇像
（2021年3月撮影）

1-14　富山県氷見市の神武天皇像
（2022年6月撮影）

なデザインだ。

　いっぽう氷見市の像は、氷見郡尚武会（在郷軍人会の前身）により、一九〇八（明治四一）年、慰霊碑として朝日山公園に設置された（1－14）。原型は大塚秀之丞《おおつかひでのじょう》、鋳造は喜多万右衛門。台座にある「永芳」の字は、乃木希典によって揮毫された。

　銅像は、風を受けたかのように衣服がなびき、独特の躍動感がある。顔はこれまでと同じく凛々しいが、みずらではなく長髪。弓の先端には金鵄が止まるものの、これは一九五八（昭和三三）年に取り付けられたものだという。

　なお戦後、案内看板で「古武士像」と説明されていたが、二〇〇九（平成二一）年、地元商工会議所の要望で「神武天皇像」に改められた。

このように神武天皇像のデザインは多種多様だったが、大正期になると、だんだんと髪型がみずらに固定されるそのいっぽうで、顔の表情はそれぞれ独自のものに変わっていく。

近代日本でつくられた銅像の多くは、大東亜戦争下の金属供出により溶かされてしまった。ただ、皇室にかんするものはそのまま残された。神武天皇像は、戦後もうまく匿《かくま》われたこともあり、例外的に今日もみることができるのである。

なお、それ以外の時期の神武天皇像だが、大正期のものは静岡県焼津市などに、昭和戦前期のものは奈良県の大台ケ原などに、昭和戦後期のものは高知県香美市などに存在する。戦後もおりをみて建てられているのが、この神武天皇像の特徴といえる。

令和に復活した「じんむてんのー」

学校の授業——儀式ではなく——でうたわれる唱歌でも、神武天皇をテーマにしたものがつくられた。『教科適用幼年唱歌』二編中巻に収録された「じんむてんのー」(石原和三郎作詞、田村虎蔵作曲)もそのひとつである。

せにおはれたる、あまつ日のかげ、

ゆはずにとまりし、こんじきのとび、
けだかいかな、おほみすがたの、
いさましいかな、おほみいくさの。

くにのもとゐを、さだめられたる、
やまとのうねびの、かしはらのみや、
みよはうごかじ、天地と共に、
いさをはかゞやく、月日と共に。

唱歌の授業もたんに娯楽で行われていたのではない。音楽を通じて、国民意識を注入するために行われていた。

有名な「蛍の光」にかつて「ひとつにつくせ国のため」という歌詞があったし、「われは海の子」に「いで軍艦に乗り組みて」という歌詞があったことはよく知られている。「鉄道唱歌」だって、日本の歴史や地理を教育するためのものであった。この「じんむてんのー」もこのような教育目的で教えられた。

もっとも、この唱歌はそれほど有名なものではない。そのうえ民間でつくられたものにすぎない。

唱歌の教科書は、一九一〇（明治四三）年以降、国定教科書に切り替えられた。そこで採用された官製の唱歌は、とくに文部省唱歌といわれる。それにくらべて、それ以前に民間の検定教科書で採用された唱歌は、オフィシャル度が低い。

それでもあえてここで「じんむてんのー」を紹介したのは、現在にリバイバルされているからだ。

二〇一九（令和元）年五月、大阪市立小学校の全校朝礼で、この唱歌が披露されたのである。歌手として招かれたのは、「愛国の歌姫」の肩書で活躍する山口采希《やまぐちあやき》。かねてより「愛国行進曲」などの軍歌をカバーし、教育勅語をテーマにした曲などをつくり、日本会議や自衛隊に広く呼ばれているシンガーソングライターだ。本稿執筆時点ではユーチューブでその動画がみられる。

朝礼では、校長より説明があり、それ以外にも唱歌の「仁徳天皇」、オリジナルソングの「行くぞ！　日の丸！」などが披露されて、一部、児童も唱和したという。森友学園の愛国教育をほうふつとさせる場面だ。

さすがにこれは市教委より「多面的な捉え方」をさせるように指導が入った。ただ、本来、かならずしも有名ではない唱歌がこのようにユーチューブで復活する。これもまた神武天皇が注目を集めている証拠のひとつだろう。

「虚構の原点回帰」の真実

神武天皇のリバイバルは、けっしてひとりの理論家、ひとつの官庁によって体系的に推進されたわけではなかった。王政復古の大号令に「神武創業」の文字を入れさせた国学者の玉松操も、その後まもなく失脚して新政府の中枢から外れたくらいだ。

しかし、にもかかわらず、ほとんど忘れ去られていた神武天皇は幕末から復活し、なんども参照されて、歴史の表舞台に華やかに躍り出た。なぜか。新政府にとって都合がいい存在だったからである。

その理由としては、つぎの三点があげられる。（1）新しいシンボルを立てることで、旧幕府の権威を相対化できたこと。（2）神武創業という曖昧な時代を示すことで、伝統を装いながら西洋化を進められたこと。（3）神武天皇の軍事指導者としての側面を強調することで、国民皆兵など近代的な軍制整備を正当化できたこと。

あえて一言でまとめれば、神武天皇は実在しなかったからこそ（あるいは現実からかけ離れた神話上の存在だったからこそ）、さまざまな願望や妄想をかぶせることができた。仮に実在していたら、なにぶん紀元前のことだから、その実態はかなりわびしいものになっていただろう。逆説的だが、神武天皇に大きな夢を抱く「実在論者」ほど神武天皇の実在が不都合なものはないのだ。

いずれにせよ、虚構の原点回帰（「本来の姿に戻るだけ」）にもっともらしさを与えるため、幕末以降、神武天皇陵が治定され、橿原神宮が創建され、皇紀や紀元節、学校儀式や唱歌が定められるなどした。

そのいっぽうで、徴兵告諭や軍人勅諭では、中世がキャンセルされるべき暗黒時代として徹底的に批判された。こうした試みの結果、日清・日露戦争のころには、神武天皇像が各地で立てられるようになった。その影響はたびたび時事ニュースを引用したように、今日にも及んでいるのである。

第二章　特別な国であるべし

——憲法と道徳は天照大神より

中国に学んだ末の「神の国」

大日本は神国なり。

南北朝時代の公家、北畠親房《きたばたけちかふさ》は『神皇正統記《じんのうしょうとうき》』をこのように書き起こし、その理由を続けた。

天祖《あまつみおや》はじめて基《もとい》をひらき、日神《ひのかみ》ながく統を伝へ給ふ。我国のみ此事あり。異朝には其たぐひなし。此故に神国といふなり。

日本は、アマテラス（天照大神、日神）の直系である神武天皇の子孫によってずっと統治されている。他国では途中で王朝が断絶しているため、そのような例はない。それゆえに、日本は神の国である。

天皇が神の子孫だからという単純な論理ではない。これは、中国の思想を学び、内面化したことで、ついにみずからは中国よりも優れていると結論づけた、歪んだ自意識だった。

中国には、易姓革命という考え方がある。中国の王朝は、天命を受けた家系によって統治される。ただ、無道な君主があらわれて民を苦しめると、天命は別の家系に移る。すると、現王朝が終わりを迎えて、新王朝が開かれる。すなわち、天「命」が「革《あらた》」まり、君主一族の「姓」が「易《か》」わる。

つぎつぎに起こる王朝交代を理論付け、新王朝の支配を正当化するロジックだった（天命があらたまらないうちは、臣下は現王朝を支えなければならない）。

日本人はこの論理を学び、ふと気づいた。ならば、一度たりとも王朝が変わっていない日本はどうなのか。天皇家は、善政を敷きつづけた高徳の家系であり、天皇家をいただく日本は、世界一の高徳の国ではないか——。

このような考えはけっして、日本人の独りよがりでもなかった。

宋の太宗は、日本人の学僧奝然《ちょうねん》に面会したおり、日本について「島夷」にすぎないのに「古の道」を実践していると嘆息したと『宋史』に記されている。

また、中国の代表的な古典『孟子』は、易姓革命を肯定するがゆえに、日本に運ぼうとするとかならず船が難破するともいわれた。上田秋成の『雨月物語』の記述が有名だが、元ネタは明末の随筆『五雑組《ござっそ》』である。

ひとつの家系が絶えずに永遠につづく——すなわち、万世一系。

ここに大きな意味を見出したのが幕末の後期水戸学であり、これを引き継いだ明治の教育勅語であり、昭和の『国体の本義』であった。

現在でも、右派が男系男子にこだわり、選択的夫婦別姓に反対する理由もここに関わっている。本章ではその思想的系譜をたどってみたい。

教育勅語の核心は「取り戻すべき」？

今回はまず、教育勅語より筆を起こしたい。

教育勅語は、明治天皇より一八九〇（明治二三）年一〇月に下された、教育の基本理念である。帝国議会の開院を控えて、日本固有の倫理観を示し、無軌道な自由民権運動を抑制するため、法制局長官の井上毅と枢密顧問官の元田永孚《もとだながざね》によって起草された。前章で触れたように、小学校の儀式では校長によってうやうやしく読み上げられるなど、一種聖典のように慎重丁寧に扱われた。

教育勅語は、敗戦後の一九四八（昭和二三）年、衆議院で排除、参議院で失効確認の決議が行われた。にもかかわらず、現在でもしばしば話題にのぼるのは、政治家などのあいだから、その普遍性や復権を訴える声が絶えないからだ。

近いところでは、二〇一七（平成二九）年、稲田朋美防衛相が国会質疑で、教育勅語の核の部分は「取り戻すべき」だと述べ、その核の部分として「日本が道義国家を目指すべきである、そして親孝行ですとか友達を大切にするとか」をあげた。

また二〇一八（平成三〇）年、柴山昌彦文科相が記者会見で、「現代風にアレンジすれば道徳の授業などに使える分野が十分にある」として、やはり教育勅語を部分的に肯定した。

このような部分的肯定論は、首相経験者だけでも、吉田茂、池田勇人、田中角栄、中曽根康弘、森喜朗、麻生太郎などによって繰り返し述べられており、けっして珍しいものではない。

教育勅語の喪失が、社会の荒廃と結び付けられることもしばしばある。安倍晋三のブレーンのひとりと報道されたこともある、政治活動家の伊藤哲夫はその著書『教育勅語の真実』でこう述べている。

かくして（引用者註、教育勅語の喪失により）日本社会の美質は年を経るごとに力を失っていき、老人の孤独死や親殺し・子殺し、若者のニートや引きこもり、教育現場の混乱、子供たちの方向性喪失、モラルなき政治の横行など、今日の殺伐とした社会が出現していったといえるでしょう。

そんな単純な——と思うかもしれないが、こういう主張は戦後絶えず行われてきたのである。

歪められた教育勅語

教育勅語については、戦後の日本人にも受け入れやすいように、原義を歪めた「現代語訳」も広く出回っている。もっとも有名なのが「国民道徳協会訳文」といわれるものだ。稲田のいう「道義国家」という表現もここに出てくるため、同じものを参照した可能性が高い。

同訳文は、新聞記者を経て衆議院議員になり、第一次池田勇人内閣で官房副長官などを務めた佐々木盛雄という政治家によって作成された。左に全文を掲げよう。

私は、私たちの祖先が、遠大な理想のもとに、道義国家の実現を目指して日本の国をおはじめになったものと信じます。そして、国民は忠孝両全の道を完うして、全国民が心を合わせて努力した結果、今日に至るまで、見事な成果をあげて参りましたことは、もとより日本のすぐれた国柄の賜物と言わねばなりませんが、私は教育の根本もまた、道義立国の達成にあると信じます。

国民の皆さんは、子は親に孝養をつくし、兄弟・姉妹はたがいに力を合わせて助け合い、夫婦は仲睦まじく解け合い、友人は胸襟を開いて信じ合い、そして自分の言動をつつしみ、すべての人々に愛の手をさしのべ、学問を怠らず、職業に専念し、智識を養い、人格をみがき、さらに進んで、社会公共のために貢献し、また、法律や、秩序を守ることは勿論のこと、非常事態の発生の場合は、真心をささげて、国の平和と、安全に奉仕しなければなりません。そして、これらのことは、善良な国民としての当然のつとめであるばかりでなく、また、私たちの祖先が、今日まで身をもって示し残された伝統的美風を、更にいっそう明らかにすることでもあります。

このような国民の歩むべき道は、祖先の教訓として、私たち子孫の守らなければならないところであるとともに、この教えは、昔も今も変わらぬ正しい道であり、また日本ばかりでなく、外国で行っても、間違いのない道でありますから、私もまた国民の皆さんとともに、父祖の教えを胸に抱いて、立派な日本人となるように、心から念願するものであります。

なるほど、かなりわかりやすいし、現在にも通じるような内容ではある。しかし、根本的に教育勅語を読み違えている。

このような解釈が出回るのは、教育勅語の原文が解説なしでは済まないからだ。たしかに、その内容はむずかしい。ただ、背後にある構造を把握しておけば、けっして手強いものではない。

「国体の精華」のための「忠孝の四角形」

ではその構造とはなにか。筆者はこれを、「忠孝の四角形」と名付けたい。この四角形は、天皇の祖先、当代の天皇、臣民の祖先、当代の臣民の四者で構成される。そしてこの四者が、忠と孝という価値観で固く結びつく。忠とは、君主にたいする臣民のまことであり、孝とは、父にたいする子のまことである。

　これを図示するとつぎのようになる。

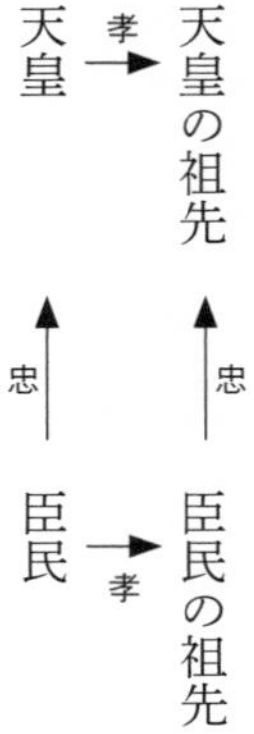

歴代の臣民は、歴代の天皇に忠を尽くしてきた。当代の臣民も、当代の天皇に忠を尽くしている。これが縦の軸だ。また、これまでの臣民はみずからの祖先にたいして孝を尽くしている。当代の天皇もまた過去の天皇に孝を尽くしている。これが横の軸だ。

このような忠孝の四角形は、日本にしか永続していない。少なくとも、それが教育勅語の世界観だった。

ほかの国では、君主が倒され、臣民が新しい君主になっており、忠が崩壊している。それはまた、そのときどきの君主が徳政を行わず、結果的に祖先から引き継いだ王朝を滅ぼしたという点で、孝も果たせていない。ところが、日本は忠孝がしっかりしているので、万世一系が保たれているというのである。

このような忠孝の四角形が崩れず、万世一系が保たれていることを、教育勅語は「国体の精華」と呼ぶ。つまり、日本の国柄のもっともすばらしい部分ということだ。そして教育を行うにあたっても、この「国体の精華」にもとづかなければならないという。

君臣関係をないがしろにする「不敬」

以上を踏まえて、教育勅語の内容をみてみよう。

教育勅語は、三つの部分からなっている。まずは最初の部分を左に引く。

朕惟《ちんおも》ふに、我が皇祖皇宗、国を肇《はじ》むること宏遠に、徳を樹つること深厚なり。我が臣民、克《よ》く忠に、克く孝に、億兆心を一にして世世厥《そ》の美を済《な》せるは、此れ我が国体の精華にして教育の淵源《えんげん》亦実に此に存す。

やっぱりむずかしいと思うかもしれないが、「朕惟ふに」以下をつぎのように整理してみよう。

（1）我が皇祖皇宗
　　国を肇むること宏遠に
　　徳を樹つること深厚なり

（2）我が臣民
　　克く忠に
　　克く孝に

「我が皇祖皇宗」とは天皇の祖先たちであり、それに対応する「我が臣民」もここで過去の臣民たちを意味する。教育勅語はこのように、君臣が相互に対応するかたちで構成されている。

したがってここの意味は、つぎのようになる。天皇の祖先たちは、広く遠く国をはじめ、深く厚く徳を立てた。過去の臣民たちは、忠に励み、孝をつくした——。前者がやや抽象的でわかりにくいが、その含意するところはあとではっきりする。

なお、文がいったん「深厚なり」で切れているが、井上毅の原案では一文だった。たんに長すぎて途中で切られたにすぎない。

そしてそのあとはこうつづく。天皇の祖先たちも、過去の臣民たちも、心をひとつにして（億兆心を一にして）、いつの時代も立派な振る舞いをしてきた。これぞ、日本の国柄のもっともすばらしい部分（国体の精華）であって、教育を行うにあたっても、ここを根本に据えなければならない。まさに、さきほど説明したとおりの内容だろう。

ちなみに「国体」とは、天皇を中心にいただく日本独自の国のありかたをさす。重要なワードなので、以後は現代語訳せず、国体と記すこととする。

このようにみると、さきの国民道徳協会訳文がいかに原文を踏まえていないかがわかる。訳者の佐々木は、戦後の日本人にわかりやすくしようとするあまり、君臣の別をないがしろにしてしまっているからだ。

「臣民」が「国民」と訳されているだけではない。「皇祖皇宗」は「私たちの祖先」と訳され、臣民の祖先と区別がついていない。現代風にしようとするあまり、教育勅語の根底にある君臣関係を破壊している。戦前ならば、不敬罪に問われかねなかったのではないか。

国体あってこその孝行

つぎに、具体的な徳目の箇所をみてみよう。ここは長い前文と短い後文のふたつでなっている。

爾《なんじ》臣民、父母に孝に、兄弟に友に、夫婦相和し、朋友相信じ、恭倹己れを持し、博愛衆に及ぼし、学を修め業を習ひ、以て智能を啓発し、徳器を成就し、進で公益を広め世務を開き、常に国憲を重じ国法に遵《したが》ひ、一旦緩急あれば義勇公に奉じ、以て天壌無窮《てんじょうむきゅう》の皇運を扶翼すべし。是の如きは独り朕が忠良の臣民たるのみならず、又以て爾祖先の遺風を顕彰するに足らん。

前者の部分について、明治神宮社務所より一九七三（昭和四八）年に刊行された小冊子『大御心　明治天皇御製教育勅語謹解』では、つぎの一二徳にまとめられている。

一、孝行　子は親に孝養をつくしましょう

二、友愛　兄弟、姉妹は仲よくしましょう
三、夫婦ノ和　夫婦はいつも仲むつまじくしましょう
四、朋友ノ信　友だちはお互いに信じ合ってつき合いましょう
五、謙遜　自分の言動をつつしみましょう
六、博愛　広くすべての人に愛の手をさしのべましょう
七、修学習業　勉学にはげみ職業を身につけましょう
八、智能啓発　智徳を養い才能を伸ばしましょう
九、徳器成就　人格の向上につとめましょう
十、公益世務　広く世の人々や社会の為になる仕事にはげみましょう
十一、遵法　法律や規則を守り社会の秩序に従いましょう
十二、義勇　正しい勇気をもってお国のために真心をつくしましょう

一見わかりやすいが、しかし、絶対的なものではない。その証拠に、明治神宮崇敬会により二〇〇三(平成一五)年に企画・発行された小冊子『たいせつなこと Important qualities』では、やはり一二の徳目に整理されているものの、別の箇所が数え上げられているからだ。ただいずれにせよ、このような小冊子は、教育勅語の普遍性を訴えようとしている点で

共通している。ここに掲げた一二の徳目のどこが問題なのだ、これを批判する人間は反社会的だ、と。

ところがこの種の冊子でしばしば無視されているのが、もっとも重要な末尾、すなわち「以て天壌無窮の皇運を扶翼すべし」の部分である。

天地とともにきわまりない、皇室の運命を助けたてまつれ——。結局、孝行も友愛も、夫婦の和も朋友の信も、たどりつくところは国体の擁護なのだ。皇室の運命を抜きにして、孝行や友愛を論じても意味がない。国体あってこその孝行であり、友愛である。あらためて強調すれば、それが教育勅語の世界観だった。

それゆえ、後半の箇所はつぎのように書かれている。

「是《かく》の如きは独り朕が忠良の臣民たるのみならず、又以て爾祖先の遺風を顕彰するに足らん」。以上の徳目を守れば、お前たち臣民は「忠」(明治天皇にたいする忠義)だけではなく「孝」(祖先にたいする孝行)も全うできる。なぜなら、歴代の天皇に忠義を尽くしてきた祖先の道をしっかり守った、つまり祖先の言いつけをしっかり守ったことになるのだから。

やはりここでも「忠孝の四角形」なのである。明治天皇や教育勅語を大事にしようと訴える右派が、そのもっとも根本的な精神を無視して、一部分のみを持ち上げようとするのが、筆者にはまったく理解しがたい。たんに親孝行を訴えたいのであれば、あえて教育勅語を持ち出す必要はないだろう。

戦前の文部省解釈

そして最後の箇所もみておこう。

斯の道は実に我が皇祖皇宗の遺訓にして、子孫臣民の倶《とも》に遵守すべき所、之を古今に通じて謬《あやま》らず、之を中外に施して悖《もと》らず。朕、爾臣民と倶に拳々服膺《けんけんふくよう》して、咸《みな》其徳を一にせんことを庶幾《こいねが》ふ。

以上述べたのは、皇祖皇宗のお遺しになった道であり、時間・空間を超えて普遍的なものである。したがって、皇祖皇宗の子孫である朕（明治天皇）も、臣民も、大事に守っていかなければならない。——概略このようにまとめられている。

最初の一文にある「子孫臣民」はややわかりにくいが、「子孫の臣民」ではなく、「子孫・臣民」つまり「皇祖皇宗の子孫」（明治天皇）と「臣民」（明治の臣民）を合わせたものだと説明されることが多い。

教育勅語の説明はおおよそ以上だが、このテキストは戦後ながらくイデオロギー的な対立の題材にもなってきた。そのため、筆者の解説に不満をもつ向きもあるだろう。そんなもの、戦後民主主義に侵された、左翼的で、あやまった解釈ではないかと。

そこで、一九四〇（昭和一五）年に文部省でつくられた「全文通釈」を掲げておこう。戦前につくられたものだから、（明治と昭和戦前期の間で解釈の違いはあっても）少なくとも戦後民主主義の影響はない。つぎをみれば、これまでの説明がまちがっていなかったとわかってもらえるはずだ。

朕がおもふに、我が御祖先の方々が国をお肇めになつたことは極めて広遠であり、徳をお立てになつたことは極めて深く厚くあらせられ、又、我が臣民はよく忠にはげみよく孝をつくし、国中のすべての者が皆心を一にして代々美風をつくりあげて来た。これは我が国柄の精髄であつて、教育の基づくところもまた実にこゝにある。汝臣民は、父母に孝行をつくし、兄弟姉妹仲よくし、夫婦互に睦び合ひ、朋友互に信義を以て交はり、へりくだつて気随気儘の振舞をせず、人々に対して慈愛を及すやうにし、学問を修め業務を習つて知識才能を養ひ、善良有為の人物となり、進んで公共の利益を広め世のためになる仕事をおこし、常に皇室典範並びに憲法を始め諸々の法令を尊重遵守し、万一危急の大事が起つたならば、大義に基づいて勇気をふるひ一身を捧げて皇室国家の為につくせ。かくして神勅のまに〳〵天地と共に窮りなき宝祚《あまつひつぎ》の御栄をたすけ奉れ。かやうにすることは、たゞ朕に対して忠良な臣民であるばかりでなく、それがとりもなほさず、汝らの祖先ののこした美風をはつきりあらはすことになる。

こゝに示した道は、実に我が御祖先のおのこしになつた御訓であつて、皇祖皇宗の子孫たる者及び臣民たる者が共々にしたがひ守るべきところである。この道は古今を貫ぬいて永久に間違がなく、又我が国はもとより外国でとり用ひても正しい道である。朕は汝臣民と一緒にこの道を大切に守つて、皆この道を体得実践することを切に望む。

一段目の「神勅」は、アマテラスのおことばのことであり、このあとで詳しく説明する。「宝祚」は皇位を意味する。簡明な文体なので、あとはそれほど解説は必要ないだろう。

後期水戸学の影響

さて、この教育勅語の世界観に大きな影響を与えたと考えられるのが、後期水戸学の思想だった。

水戸学は、江戸時代に水戸藩で培われた独自の学風をいう。二代目藩主、徳川光圀《みつくに》（水戸黄門として有名）の『大日本史』編纂事業に端を発し、理を重んじる朱子学の影響下に、大義名分論にもとづく歴史観を展開した。

大義名分論とは、上下の秩序を重んじるということであり、現実的には、幕藩体制を擁護するという意味をもった。ようするに、将軍は大名より尊いのだから、大名は将軍に刃向かうな、ということだ。御三家の一角を占める、水戸藩らしい学風だったといえよう。

ところが、そのような大義名分論は、おのずと尊王思想にたどりついた。というのも、そもそもなぜ将軍が尊いのかといえば、それは天皇によって任命されたからである。そして上下の秩序を重んじるのであれば、将軍より天皇を尊ばなければならない。

こうして幕末には、水戸学は尊王思想の源泉となり、皮肉にも、幕藩体制を打倒する明治維新の思想的バックボーンのひとつとなった。このころの水戸学をとくに後期水戸学と呼ぶ。

この後期水戸学の影響力は意外に大きく、現在のわれわれの思考も知らず識らずのうちに規定している。一例をあげれば、幕府ということばがそうだ。

本書でもこれまで通例にならって使ってきたけれども、江戸時代、将軍の政府は「公儀」などと呼ばれており、「おおやけ」そのものだった。水戸学的な世界観では、それをあえて幕府（帷幕で作った大将軍の本営）と呼ぶことで、本当の「おおやけ」は天皇なのであり、幕府はその天皇に任命された将軍の政府にすぎないと言おうとしたのである。

そのため、幕末、幕臣、幕藩体制などのことばはすべて、水戸学的な世界観に影響を受けていることになる。中世キャンセル史観は、こんなところにも影響しているのだ（同じことは朝廷や藩ということばにも言える。いずれも江戸時代に一般的ではなかった。ただし、以下ではわかりにくくなるので、通例の用語を用いる）。

それはともかく、この後期水戸学の大成者が会沢正志斎《あいざわせいしさい》であり、その思想のエッセンスがこめられているのが、主著の『新論』（一八二五／文政八年）だった。

会沢正志斎の「国体」解釈

『新論』で重要なのは、ほかでもない最初の章だ。その名も「国体」。そう、国体ということばは、後期水戸学において独自の意味をもち、『新論』によって広く知られるようになったのである。

会沢は序文で、この「国体」の章において「神聖、忠孝を以て国を建て給へるを論」ずると述べている。「神聖」は神々のことだが、ここではとくにアマテラスを指すと考えられる。つまり、アマテラスが忠孝で国を立てる道を示したと述べられている。

どういうことか。さっそくみていこう。「国体」の章は、つぎのようにはじまる。

帝王の恃《たの》んで以て四海を保ちて、久しく安く長く治まり、天下動揺せざるところのものは、万民を畏服し、一世を把持するの謂《いい》にあらずして、億兆心を一にして、皆その上に親しみて離るるに忍びざるの実こそ、誠に恃むべきなり。

帝王が天下に君臨できるのは、ひとびとを恐怖で支配しているからではない。ひとびとに心から慕われているからだ。いかにも儒教的な君主観だが、ここで「億兆心を一にして」という文字に注目したい。

これとまったく同じ文言が、教育勅語でも使われていたことに気づいただろうか。「我が臣民、克く忠に、克く孝に、億兆心を一にして世世厥の美を済せるは、此れ我が国体の精華にして……」の部分である。『新論』を読むと、これが教育勅語の種本だと思わずにはいられない。

さらにつづく箇所をみてみよう。

夫れ天地の剖判《ほうはん》し、始めて人民ありしより、天胤《てんいん》、四海に君臨し、一姓歴歴として、未だ嘗《かつ》て一人も敢へて天位を覬覦《きゆ》するものあらずして、以て今日に至れるは、豈《あ》にそれ偶然ならんや。

日本では天地のはじまりより、「天胤、四海に君臨し、一姓歴歴」、つまり天皇家が万世一系を保って統治し、だれも皇位簒奪の試みをしてこなかった。それは果たして「偶然」なのだろうか——。

じっさいは偶然でしかなく、しかもしばしば皇位は簒奪の危機にあっている。天皇が島流しにされたり、暗殺されたりした歴史は、教科書にも載っているとおりだ。

だが、会沢はこれを無視して議論を進める。

夫れ君臣の義は、天地の大義なり。父子の親《しん》は、天下の至恩なり。義の大なるものと、恩の至れるものとは、天地の間に並び立ち、漸漬《ぜんし》積累して、人心に洽浹《こうしょう》し、久遠にして変ぜず。これ帝王の天地を経緯し億兆を綱紀する所以の大資なり。

世界にはふたつの道義がある。ひとつは、君臣の義。もうひとつは、父子の親。つまり、忠と孝である。帝王統治の根本も、このふたつの道義にほかならない。「漸漬積累」

「洽浹」はむずかしいが、前者は次第に積み重なること、後者は広く行き渡ることをいう。ようするに会沢はここで、日本は忠孝の道がしっかりしていたからこそ、易姓革命が起こらず、万世一系の国体が保たれていると示唆しているのである。まさに教育勅語の世界観そのものではないか。

天孫降臨と三大神勅

会沢が興味深いのは、この忠孝を立てたのは、さきにも述べたとおり、アマテラスだと述べているところだ。そしてその根拠は『日本書紀』にでてくる天照大神のおことば、すなわち神勅なのである。

ここで該当する神話をたどってみよう。

そもそも日本の神話世界は、高天原《たかまがはら》（天上）、中《なか》つ国《くに》（地上）、黄泉《よみ》の国（地下）の三層構造でなっている。

天皇家の祖先神であり、伊勢神宮の内宮に祀られているアマテラスは、高天原の神々（天つ神）のリーダーだった。この女神がある日、子のオシホミミを中つ国に降臨させようとしたところ、土着の神々（国つ神）が荒ぶっていて果たせなかった。

そこでアマテラスは、国つ神のリーダーであるオオクニヌシ（大国主命）のもとに使者を送り、中つ国の支配権を譲るように迫ることにした。ところが、使者が懐柔されるなどして、なかなか埒が明かない。

そのため、ついにタケミカズチ（武甕槌神）とフツヌシ（経津主命）という二武神を送り込むという強硬策に出た。オオクニヌシはこれに折れ、支配権の移譲に同意し、みずからは幽界に隠退した（このオオクニヌシを祀るのが出雲大社）。以上を国譲りという。

こうして中つ国を支配下においたアマテラスは、いよいよオシホミミを送り込もうとするが、ちょうどそのとき、オシホミミに子が生まれた。つまり、アマテラスの孫だ。そこでアマテラスは、この孫ニニギ（瓊瓊杵尊）を中つ国に送り込むことにした。

アマテラスの孫の降臨なので、これを天孫降臨と呼ぶ。そしてこの天孫降臨にあたり、アマテラスが三種の神器（八《や》尺瓊勾玉《さかにのまがたま》、八《や》咫鏡《たのかがみ》、草薙剣《くさなぎのつるぎ》）とともにニニギに与えたのが、さきに述べた神勅だった。ニニギへの神勅は『日本書紀』に三つ出てくるので、三大神勅ともいわれる。

ひとつは、「天壌無窮の神勅」。中つ国は、アマテラスの子孫が天地（天壌）とともに窮《きわ》まり無《な》く——つまり永遠に統治すべきだと述べたものだ。教育勅語に出てくる「天壌無窮の皇運」ということばの由来がこれにあたる。

葦原《あしはら》の千五百秋《ちいおあき》の瑞穂の国は、是、吾が子孫《うみのこ》の王《きみ》たるべき地なり。爾皇孫《いましすめみま》、就《い》でまして治《し》らせ。行矣《さきくませ》。宝祚《あまつひつぎ》の隆《さか》えまさむこと、当《まさ》に天壌《あめつち》と窮り無けむ。

葦原の千五百秋の瑞穂の国とは、葦が生い茂り永遠に穀物が豊かに実る国という意味で、中つ国を言い換えたもの。転じて日本の美称ともなっている。

つぎは、「宝鏡奉斎の神勅」。三種の神器のひとつである八咫鏡を与え、それをわたし（アマテラス）だと思って一緒に過ごし、大事にせよと述べたものだ。

吾が児、此の宝鏡を視まさむこと、当に吾を視るごとくすべし。与に床を同くし殿を共にして、斎鏡《いわいのかがみ》とすべし。

最後は、「斎庭稲穂《ゆにわのいなほ》の神勅」。わたし（アマテラス）が高天原でつくった神聖な田の稲穂を授けようと述べたものだ。

吾が高天原に所御《きこしめ》す斎庭の穂を以て、亦吾が児に御《まか》せまつるべし。

ニニギはこの神勅を受けて、配下の神々をともなって、高千穂《たかちほ》に降臨した。この高千穂は、宮崎県北部の西臼杵《にしうすき》郡高千穂町、もしくは同県と鹿児島県の県境に位置する霧島山の高千穂峰の二説があるが、いずれにせよ九州南部だとされている。

そしてこのニニギの曽孫が、ほかならぬイワレヒコ（のちの神武天皇）なのである。念のため、ここでその系譜をたどっておこう。

アマテラス（天照大神）――オシホミミ（天忍穂耳尊）――ニニギ（瓊瓊杵尊）――ホホデミ（彦火火出見尊）――ウガヤフキアエズ（鸕鷀草葺不合尊）――イワレヒコ（神日本磐余彦尊／神武天皇）

神武天皇がもともと九州南部を拠点にしていたのは、このような事情による。

複数パターンある「記紀」神話

ところで、すでになんども述べてきているように、『古事記』と『日本書紀』では、しばしば神話の内容が大きく異なっている。それのみならず、『日本書紀』は本文以外に「一書曰《あるふみにいわく》」と称して、異説をふんだんに掲載してもいる。そのため、同じ神話なのに内容が何パターンもあるばあいがある。

天孫降臨の神話はまさにそうだった。したがって前節も、『日本書紀』の複数の「一書」（サブテキスト）をわかりやすくまとめたものにすぎない。

『古事記』の記述はまた異なっている。もっとも大きな違いは、アマテラスのみならず、オシホミミの義父であるタカミムスヒ（高御産巣日神）も、天孫降臨を主導していること。現在でこそアマテラスは神道の最高神のように思われているが、古来けっして唯一絶対的な存在ではなかった。彼女を祀る伊勢神宮内宮の地位も、近代以降に強化されたものなのである（江戸時代までは、豊受大神《とようけのおおかみ》を祀る外宮の存在感がより大きかった）。

また『古事記』では、つぎのように天孫降臨を命ずる神勅はあるものの、皇位の永続を保証するような文言は出てこない。

　この豊葦原瑞穂国は、汝知らさむ国なりと言依さしたまふ。かれ、命のまにまに天降るべし。

ようするに何が言いたいのかというと、会沢も、それに影響を受けた教育勅語なども、『日本書紀』のサブテキストにしか出てこない神勅をかなり強引に強調して利用しているということだ。国体の核心部分に触れる神話なのに？　じつはそうなのである。

本書では神話の内容を紹介する際、十分に注記したうえで、できるだけ客観的にまとめるようにしている。そのため一筋縄ではいかないけれども、多元的な解釈を許容する日本神話の豊かさだと理解してもらいたい。

忠孝の起源＝アマテラス？

さてやや遠回りしたが、では、会沢はこの神勅を使って、どのようにアマテラスが忠孝を打ち立てたと述べているのか。

会沢はまず、「天壌無窮の神勅」に注目する。さきほど説明したように、これは、中つ国（日本）は永遠にアマテラスの子孫が支配すべきだと述べたものだ。ということは、日本に住むそれ以外のものたちは、自動的にアマテラスの子孫の臣下になるということを意味する。

つまり、ここで君臣の義（忠）が成立したというのである。


（天祖、）天下を以て皇孫に伝へたまふに迨《およ》んで、手づから三器を授け（中略）たまふ。天胤の尊きこと、厳乎としてそれ犯すべからず。君臣の分定りて、大義以て明らかなり。

つぎに会沢は、「宝鏡奉斎の神勅」に注目する。天照大神はここで八咫鏡を与え、それを自分だと思って大切にせよと述べている。鏡は祖先であり、それを大事にすることは子孫にとって祖先に仕えることを意味する。つまりこれは、父子の親（孝）にほかならない。アマテラスは女神だし、かなり苦しい気がするが、とにかく、そういう理屈になっている。

天祖の神器を伝へたまふや、特に宝鏡を執り祝《ほ》ぎて曰く「これを視ること、なほ吾を視るがごとくせよ」と。而して万世奉祀して、以て天祖の神となし、聖子神孫、宝鏡を仰ぎて影をその中に見たまふ。（中略）父子の親は敦くして、至恩は以て隆んなり。

このように、会沢は『日本書紀』の一部を都合よく引き合いに出して、アマテラス（天祖）が忠孝の道を打ち立てたと結論づけるのである。

天祖すでにこの二者を以てして人紀を建て、訓を万世に垂れたまふ。

忠孝の起源を中国の古典ではなく、日本の神話に求める。これが『新論』のユニークなところだった。

教育勅語の背後にあるもの

以上を踏まえると、いささかわかりにくかった教育勅語の冒頭もよく理解できるだろう。

朕惟ふに、我が皇祖皇宗、国を肇むること宏遠に、徳を樹つること深厚なり。

ここでいう「国を肇むること宏遠に、徳を樹つること深厚」には、アマテラスが定めた忠孝の道を、神武天皇以下歴代の天皇が守ってきたという「含意」があると考えられる（「皇祖」をアマテラスだとする解釈もあるが、起草者の井上毅はこれを神武天皇だとしている）。

ここまでの話をまとめてみよう。

日本では、天照大神が「天壌無窮の神勅」および「宝鏡奉斎の神勅」により、忠孝の道徳を打ち立てた。歴代の天皇および臣民は、この忠孝の道徳をしっかり守り、忠孝の四角形は一度たりとも崩れなかった。そのため、易姓革命は起こらず、天皇家は万世一系を保っている。それが国体の精華である。

さきほども述べたように、教育勅語の背景にはこのような思想があるのであって、ただその一部分を切り出してきて、親孝行の部分は現代にも通じるなどと論じても意味がない。それでも教育勅語に拘泥するのはある種のフェティシズムではないか。

教育勅語に熱心な熊本県

余談だが、教育勅語フェティシズムがもっとも盛んなのは、熊本県だろう。あまり知られていないが、県内の主要な神社には、教育勅語の立派な記念碑が立てられており、菊の御紋とともに、原文が朱文字で鮮やかに刻まれているからだ。また、台座部分には、さきに紹介した国民道徳協会訳文も添えられている。

菊池市の菊池神社に立てられた記念碑の隣には、二〇〇一（平成一三）年八月の日付でこう案内板が出ている（2－1）。

旧士族である田部家は古くより温厚篤実なる人柄で教育塾を営むほどの教育熱心な家柄である。

2-1　菊池神社（熊本県菊池市）の教育勅語碑（2022年4月撮影）

現在の教育の現状を憂い、田部教育財団を設立するも、志半ばにして成し得なかったが、その遺志を受継ぎ、縁ある朝日野総合病院理事長清水安全様の妻タカ様を始めとする関係各位により平和と人類の福祉に貢献し得る教育の目的を明示する事こそ急務であると考え茲《ここ》に教育勅語記念碑を奉納された次第である。

管見のかぎり、同一のデザインのものは、ほかに熊本市の健軍神社、阿蘇市の阿蘇神社、人吉市の青井阿蘇神社、山鹿市の大宮神社で確認できた。石材は、青井阿蘇神社の案内板によれば、球磨郡五木村産の巌（川石）であるという。

2-2　熊本県護国神社の教育勅語碑（2019年10月撮影）

それ以外にも、熊本城の西に鎮座する熊本県護国神社の境内には、違ったデザインの教育勅語記念碑が立っている（2－2）。一九九一（平成三）年の建立で、金文字で原文が刻まれて、井上毅と元田永孚のレリーフが両脇を固めている。脇の看板には、やはり国民道徳協会訳文が掲げられている。

なぜ熊本がここまで教育勅語に熱心なのか。それは、起草に携わった井上毅、元田永孚の両人が、熊本出身だったからにほかならない。

右派の理論的基礎をつくった井上毅

なかでも井上毅――大日本帝国憲法や皇室典範の起草にも関わり、伊藤博文に重用されたこの優秀な法制官僚は、万世一系に猛烈なこだわりをもつ人物だった。

ほかでもない、大日本帝国憲法に「万世一系」の文字を入れ、皇室典範に「男系男子」の規定を入れさせたのは、かれなのである。現在の右派の理論的な基礎をつくった人物ともいえよう。

まずは、一八八九（明治二二）年二月一一日、紀元節に発布された明治憲法からみてみよう。この憲法は、アジア初の近代憲法といわれる。だが、井上はたんなるヨーロッパのコピーではないと述べ、なんと「遠つ御祖《みおや》の不文憲法」を発達させたものだと驚くべき記述を残している。

> そも〳〵御国の万世一系は恐らくも学問様に論ずべきにあらざれども、其の初めに必一の原因あること疑なし。今多言を憚るまゝに終りに一言の結論を為すに止むべし。曰く、恐くも我が国の憲法は欧羅巴《ヨーロッパ》の憲法の写しにあらずして、即遠つ御祖の不文憲法の今日に発達したるものなり。
>
> （『梧陰存稿』）

「遠つ御祖」とはアマテラスを指すと考えられる。そして井上は、万世一系の原因もこの「不文憲法」にあるのではないかと示唆しているのだ。

そう、教育勅語だけではなく、明治憲法の根底にもまた神話が関わっているのである。

では、その「不文憲法」とはなんなのか。その説明のためには、井上独自の「しらす論」を参照しなければならない。

井上毅の「しらす論」

井上は同じ文書で、統治を「しらす」と「うしはく（うしはぐ）」のふたつにわけている。「しらす」は、君徳による公平な統治を指し、「うしはく」は、暴力による私的な統治を指す。そしてアマテラスの子孫の統治のみがただ「しらす」なのであって、それ以外の日本の豪族、中国やヨーロッパの君主の統治はすべて「うしはく」やそれに類するものなのだとされる。

その根拠とされたのが『古事記』の一節だった。

すでに述べたように、日本の神話には天孫降臨というエピソードがある。これにさきだちアマテラスは、オオクニヌシに使者を派遣して、地上の支配権を移譲するようメッセージを送っている。

井上は、そのメッセージのなかで、「しらす」と「うしはく」が明確に使い分けられていると主張する。

汝のうしはける葦原中国は、我が御子の知らす国と言依さしたまひき。

オオクニヌシの「うしはく」国は、アマテラスの子孫の「しらす」国だ——。通常、ここはそれぞれ「領有する」「統治する」くらいに訳されるが、井上はそう考えなかった。

うしはぐといふ詞は、本居氏の解釈に従へば即ち領すといふことにして、欧羅巴人の「オキユパイド」と称へ、支那人の富有奄有と称へたる意義と全く同じ。こは一の土豪の所作にして、土地人民を我が私産として取入れたる大国主神のしわざを画いたるあるべし。正統の皇孫として御国に照し臨み玉ふ大御業は、うしはぐにはあらずして、しらすと称へ給ひたり。

日本の「うしはく」、ヨーロッパの「オキュパイド」、中国の「富有奄有」。これらはすべて私的な支配にすぎない。これにくらべて、「しらす」は鏡のように世の中を公平にみて統治することだという。

故に支那・欧羅巴にては、一人の豪傑ありて起り、多くの土地を占領し、一の政府を立てゝ支配したる征服の結果といふを以て、国家の釈義となるべきも、御国の天日嗣の大御業の源は、皇祖の御心の鏡もて、天が下の民草をしろしめすといふ意義より成立たるものなり。かゝれば御国の国家成立の原理は、君民の約束にあらずして一の君徳なり。国家の始は君徳に基づくといふ一句は、日本国家学の開巻第一に説くべき定論にこそあるなれ。

本居宣長も参照されているが、これは井上が築き上げた独自の説だ。そしてこの「しらす」こそ、万世一系を可能ならしめた「遠つ御祖の不文憲法」にほかならないのである。そのため井上は、明治憲法にも、万世一系とともに「しらす」を書き込もうとした。

日本帝国は万世一系の天皇の治す所なり

明治憲法の第一条は、草案段階でこう書かれていた。最終的に「大日本帝国は万世一系の天皇之を統治す」に修正されたものの、「統治」は「しらす」の意味であるとされた。伊藤博文の名義で出された、なかば公式の憲法解釈本というべき『憲法義解』にも、「しらす」とは「徳」による「統治」であり、「私事」によるそれではないと述べられている。後者が「うしはく」に対応することはあらためて説明するまでもないだろう。

明治憲法の背景にも、このような神話の解釈があったのだ。

戦前の典憲二元体制

つぎに、皇室典範をみてみよう。

皇室典範は、皇位継承など皇室にかんする重要事項を定めたもので、明治憲法と同じく、一八八九（明治二二）年に定められた。当初は皇室の家法として公式に発表されなかったが、一九〇七（明治四〇）年、国法として正式に公布された。

戦後の皇室典範は法律の一種であり、日本国憲法に従属している。ところが、戦前の皇室典範は大日本帝国憲法と並ぶ最高法典だった。

そのため、法律も憲法に従属するもの（国務法）と、皇室典範に従属するもの（宮務法）の二種類があり、それぞれ完全に独立していた。これを典憲二元体制という。

つまり、帝国議会は皇室にかんする決まりにいっさい干渉できなかったのだ。すべての法律が憲法に従属する現在とはまったくちがう。それくらい、明治の皇室典範のもつ存在感は大きかった。

さきの教育勅語の文部省通釈を思い出してもらいたい。原文の「常に国憲を重じ国法に遵ひ」は、「常に皇室典範並びに憲法を始め諸々の法令を尊重遵守し」と訳出されていた。わざわざ皇室典範を憲法と並べていたのはこのためだったのである。

この点でもやはり国民道徳協会訳文は教育勅語を読み違えている。さきの箇所の訳文は「法律や、秩序を守ることは勿論のこと」。皇室典範どころか、憲法までどこかに飛んでしまっている。これではまったく話にならない。

「女子天皇・女系天皇」を排した井上毅

さてその明治の皇室典範では、皇位は「祖宗の皇統にして男系の男子」、いわゆる男系男子にのみ継承すると定められていた。

男系は父親が天皇の血筋をもつことを意味し、男子は文字どおり男性であることを意味する。裏返せば、「女性はいかなるばあいも天皇になってはダメ」、「男性でも、父親が天皇の血筋でないとダメ」ということだ。ここで排除されているのは「女子天皇」と「女系(母親のみ天皇の血筋をもつ)天皇」の可能性である。

もっとも皇室典範制定までの議論で、かならずしも女子天皇や女系天皇は排除されていなかった。女子天皇は江戸時代までに八人(推古天皇や皇極天皇など)の前例があったたし、女系君主はヨーロッパに前例があったからだった。

ところが、これに敢然と反対したのが井上毅だった。

井上は、一八八五、八六（明治一八、一九）年ごろに伊藤博文に提出した意見書で、嚶鳴《おうめい》社《しゃ》という政治結社内の意見を引き合いに出しながら、こう主張した。

女子天皇はたしかに前例がある。だが、それはあくまで臨時の措置にすぎず、そのあとかならず、本来の後継者たるべき男子に皇位が戻っている。それに加えて、彼女たちはもっぱら未婚独身だった。今後その伝統を強要できるかといえば、人道上無理がある。するとと日本は男尊女卑だから、女子天皇よりも皇婿の威厳が大きくなるかもしれない。これらの事情に照らせば、天皇は男子に限るべきだ。

また女系君主はたしかにヨーロッパに前例がある。だが、日本ではどうか。仮に、女帝に源の某というものを夫に迎えたとする。そのあいだに皇子が生まれたばあい、後継者となるだろう。それは、源姓の王朝になったことを意味しないか。

じっさい、イギリスではこれにより、プランタジネット朝、チューダー朝、スチュアート朝、ハノーファー朝と移り変わっている。日本で同じような制度を採用することは恐ろしいことだ――。

但し欧羅巴ならば源姓と称へながら源姓の人も女系の縁にて皇位を嗣ぐこと当然

なりと明らむるなり、欧羅巴の女系の説を採用して我が典憲とせんとならば、序にて姓を易ふることをも採用あるべきか、最も恐しきことに思はるゝなり。(「謹具意見」)

もちろん「最も恐しき」とは、万世一系(同文書では「百王一系」)が途絶えることだった。女系の否定で皇位断絶のリスクも生じるものの、その回避方法はほかにもある。あえていま、女系天皇の可能性を書くべきではない。

この井上の主張が通り、以後、女子天皇と女系天皇の可能性は議論されなくなった。尋常ならざる影響力といえよう。しかもこの男系男子の縛りは、戦前のみならず戦後の皇室典範にもそのまま引き継がれた。それが現在の皇位継承者不足につながっているのはいうまでもない。われわれはいまだ井上の手のひらで踊っているのだ。

「特別な国」論という落とし穴

このような井上の国体論から聞こえてくるのは、日本が特別な国だという叫びである。

その特別さは、万世一系に象徴された。天皇家は、アマテラスの神勅にもとづいて、公明正大な統治(「しらす」)をしてきた。日本臣民も、忠孝の道徳をしっかり守ってきた。そのため、中国やヨーロッパのように易姓革命が生じなかった。

それは、しかし、切ない叫びでもあった。日本は長らく辺境の国であり、明治初期にあっては、欧米列強の植民地にされかねない弱小国だった。そんななかで、西洋化に邁進しながらも、みずからのアイデンティティーを失うまいとして、なんとか日本特殊論がひねり出された。

「日本は特別な国だ」という叫びは、「日本は特別な国でなければならない」という願望であり、「そのために努めなければならない」という努力目標でもあった。

じっさい、少し歴史をみればわかるように、歴代の天皇がすべて「しらす」にもとづいて統治していたわけではない。武力を使って統治した天皇もいるし、暴政を行った天皇もいる。臣民もしばしば天皇を幽閉し、島流しにし、暗殺しさえした。

また、そもそも「しらす」と「うしはく」の区別も、中国でいうところの王道と覇道の区別を焼き直したものといわざるをえない。

とはいえ、元来願望や努力目標だったとしても、憲法、典範、勅語に記載されれば、それが「事実」になり、社会政策などの前提になってしまう。忠孝の四角形が前提ならば、それを阻害する異分子は非国民として徹底的に排除しなければならない――。

すなわち、君徳の結果の万世一系だったはずなのに、万世一系を維持するために暴政が行われるという逆転が生ずるのである。

それがこの「特別な国」論の落とし穴だった。

教育勅語と「内村鑑三不敬事件」

教育勅語の扱いからしてそうだった。

明治憲法の起草者でもあった井上は、教育勅語について、立憲主義の建前を重視していた。立憲主義では、君主は臣民の良心の自由に干渉しない。そのため、教育勅語は「政事上の命令」や「一種の軍令」ではなく、「社会上の君主の著作広告」でなければならないと主張していたのである。

ところが、じっさいの運用はそうはいかなかった。学校では教育勅語への拝礼が強要され、従わないものには社会的な制裁が下った。

一八九一（明治二四）年の内村鑑三《うちむらかんぞう》不敬事件は、その先駆例だった。第一高等中学校（のちの第一高等学校）の嘱託教員でキリスト教徒でもあった内村鑑三が、同校の教育勅語捧読式で教育勅語に記された宸署（天皇の署名）に深く拝礼せず、教師・生徒から強く批判されて、依願退職をよぎなくされた。

時代が下り、日本でも社会主義運動が盛んになると、国体への批判はいっそうタブーになった。

一九二五（大正一四）年、普通選挙法とともに制定された治安維持法では、国体の変革を目的として結社を組織したり、それに加入したりしたものは、「十年以下の懲役又は禁錮」に処せられることになった。一九四一（昭和一六）年の法改正では、この罰則はより重くされた。

国体の根拠づけとなっていた神話への疑義も許されなかった。

こんなエピソードが残っている。

大東亜戦争下の一九四三（昭和一八）年、茨城県東茨城郡河和田村立の国民学校で、生徒のひとりが国史の時間、「天孫降臨」の掛け軸をみて、「先生そんなのうそだっぺ」と発言。二、三の級友も同調した。

これに教師はたいへん怒り、生徒たちを教員室に呼び寄せて、「貴様は足利尊氏か、とんでもない奴だ」と木刀で頭部を強打した（唐澤富太郎『教科書の歴史』。戦前、南北朝時代は南朝が正統とされており、北朝についた足利尊氏は逆賊とされていた）。

国体論の実践は、かならずしも「しらす」とはいかなかったのである。

『国体の本義』における国体の定義

それでも国体論で強調されたのは、その後もやはり日本特有の君臣関係だった。一九三七（昭和一二）年四月に文部省より発行された小冊子『国体の本義』には、それがよくあらわれている。

『国体の本義』は、一九四三（昭和一八）年一一月までに一七三万三〇〇〇部が刊行され、受験問題に出されるなど戦前・戦中に大きな影響力をもった。そのため、敗戦後にGHQのいわゆる神道指令によってわざわざ頒布が禁止されたほどだった。

時代としてはやや下ることになるものの、国体論ではかならず言及されるものなので、ここで簡単に触れておきたい。

『国体の本義』は「第一　大日本国体」で、国体をつぎのように定義している。

大日本帝国は、万世一系の天皇皇祖の神勅を奉じて永遠にこれを統治し給ふ。これ、我が万古不易の国体である。而してこの大義に基づき、一大家族国家として億兆一心聖旨を奉体して、克く忠孝の美徳を発揮する。これ、我が国体の精華とするところである。

ほとんどの部分は、これまでの復習のような内容なので、再説する必要はないだろう。

「皇祖の神勅」はアマテラスの神勅であり、「忠孝の美徳」は教育勅語の「克く忠に、克く孝に」に対応している。

ただ、ひとつだけこれまでになかった文言がある。それが「一大家族国家」という部分である。

この「一大家族国家」は、「君民一体」とも説明される。

抑々我が国は皇室を宗家とし奉り、天皇を古今に亘る中心と仰ぐ君民一体の一大家族国家である。

我が国は一大家族国家であつて、皇室は臣民の宗家にましまし、国家生活の中心であらせられる。臣民は祖先に対する敬慕の情を以て、宗家たる皇室を崇敬し奉り、天皇は臣民を赤子《せきし》として愛しみ給ふのである。

天皇は父であり、臣民は子である。また、天皇家は宗家であり、臣民の家族は分家である。われわれは赤の他人ではなく、感情的にも結びついている。そう主張されている。

なぜここで急に家族が強調されるにいたったのか。それは、（忠孝が家族単位ということもあるが）個人主義を否定するためだった。

『国体の本義』の見立てでは、西洋思想は個人主義をベースにしており、実証主義、自然主義、理想主義、民主主義、社会主義、無政府主義、共産主義もすべて例外ではなかった。ファシズムの台頭は、そのゆきづまりが西洋でも自覚されているからだとされる。

これにたいして、日本は家族国家を打ち出すことで、西洋思想のゆきづまりを解決しようとしていると位置づけられた。

> 而してこのことは、独り我が国のためのみならず、今や個人主義の行詰りに於てその打開に苦しむ世界人類のためでなければならぬ。こゝに我等の重大なる世界史的使命がある。

世界史的使命！　ここまでの誇大妄想は、いままでになかったものだった。昭和の日本は五大国の一角を占めて自信を深め、ついに大それたことを主張するまでにいたった。

このような背景のもと、『国体の本義』では個人主義が徹底的に否定され、天皇への同一化が説かれた。

西洋では、君臣関係は個人主義をベースにしているので、権利義務で説明される。だが、日本はそうではない。日本人は生まれながらにして天皇に奉仕し、皇国の道を行するものである。そのため、天皇に仕えるのは「止み難き自然の心の現れ」にほかならない。

臣民が天皇に仕へ奉るのは所謂《いわゆる》義務ではなく、又力に服することでもなく、止み難き自然の心の現れであり、至尊に対し奉る自らなる渇仰随順である。

天皇と臣民の関係は「没我」であって、両者のあいだに対立が発生しようもない。日本は当時、これを個人主義にたいする対抗として打ち出そうとしていた。国体論のひとつの帰結がこれだった。

「ミクロ化」する国体論

大東亜戦争の敗戦により、国体論はすべて解体したように考えられている。たしかに、天孫降臨の神話を説明しても、「うそだっぺ」と言われるどころか、ほとんど知らないと答えられるだろう。

とはいえ、国体論は細切れにされながら、現在でもしぶとく生きている。

右派が、皇位継承者を男系男子にこだわるのはその典型であるし、選択的夫婦別姓に忌避感を示すのもこれが関係しているのではないか。家族のまとまりが解体されれば、家族単位で天皇家と結びつく、「一大家族国家」という理想が崩れかねないからだ。

また「しらす」論についても、戦後の象徴天皇制でむしろ具現化されたという意見もある（坂本多加雄『象徴天皇制度と日本の来歴』）。

それは、平成を経たわれわれにはより納得しやすいかもしれない。というのも、平成の天皇（上皇）がまさに「しらす」の実践者のように思えるからである。

平成の天皇は、なんら武力や威嚇を用いず、遠隔地や被災地に足繁く通うことで君徳を示し、最終的に国民からの圧倒的な支持を集めた。いわゆる平成流の実践だ。

それにくらべれば、中国の習近平、北朝鮮の金正恩、ロシアのプーチンなどは、軍や警察を駆使して民衆を厳しく統制しているという点で、「うしはく」にほかならない。

もっとも、平成流を平成の天皇の君徳にのみ帰するのは危うい。災害のたびに現地に駆けつけ、膝をついて被災者と話をする。このようなかたちをつくったのは、むしろ美智子上皇后ではなかったかという政治学者・原武史の指摘は傾聴に値する（『平成の終焉』）。

また、平成が豊かで平和だったことも大きいだろう。災害が多かったとはいえ、社会は安定していた。また、これだけインフラが発達していたから、平成の天皇皇后は高齢なのにあちこちに移動できた。今日のようにテロ行為が繰り返されていなかったことも無視できない。

平成の「しらす」は、さまざまな条件の下、美智子上皇后の役割などを無視することなどで、はじめて幻視される。どこまで普遍化できるのか、慎重に考えなければならない。

前出の原武史は、平成年間、多くの日本人が自発的に皇室を支持するにいたったことについて「国体のミクロ化」と呼んでいる。大仰にかまえなくても、個々人の心のなかに天皇がいるのだと。

国体論についても同じことがいえるのではないか。幕末から昭和にかけての国体論も、粉々になり(ミクロ化し)ながらも、部分的に、われわれのなかに流れ込み、ばあいによっては、強固に根付いている。先述の男系男子論しかり、道義国家へのこだわりしかり。

その自覚のためにも、以上で述べたような国体論の系譜を知っておくにしくはないのである。

第三章　三韓征伐を再現せよ

——神裔たちの日清・日露戦争

旧制高校の勇猛な「寮歌」

恨《うらみ》尽きせぬ蛮族を　屠《ほふ》り尽さむ時至る——。

一九〇四（明治三七）年二月一一日の紀元節。現在、東大農学部のキャンパスが広がる文京区弥生にあった第一高等学校で、遼東半島を取り返し、ロシア艦隊を葬り、シベリア深くに攻め込むぞという勇ましい歌声が響き渡った。日露戦争の宣戦布告一日後のことである。

貔貅《ひきゅう》たちまち海を越え　旅順ダルニー蛮族の
血潮に洗ひ遼東の　山河再び手に収め
朝日敷島艨艟《もうどう》の　精を尽くして波を蹴り
ロシア艦隊葬りて　翠波治まる日本海
砲火に焼かんウラジオや　屍を積まんハルピン府
シベリア深く攻め入らば　露人もつひになすなけん

東郷平八郎率いる連合艦隊が、日本海海戦でロシアのバルチック艦隊を撃滅するのは翌年五月のことだから、この歌詞は図らずも未来を言い当てたことになる。

戦前の高等学校（旧制高校）は、現在の高校とはまったく異なり、帝国大学などに進学するごく少数の秀才だけが通う、全寮制の特別な学校だった。なかでも第一高等学校はその筆頭格であり（現在の東大教養学部にあたる）、未来の将校を養成する陸軍士官学校、海軍兵学校とあわせて「一高、陸士、海兵」と並び称された。

全寮制といっても管理主義的なものではなく、寄宿舎の運営はもっぱら寮生の自治に任された。そのため旧制高校には、自分たちだけに許された自治寮生活を謳歌しようと、進んで寮歌をつくり、うたう伝統があった。

この「ウラルの彼方」も、のちに大蔵省主税局長になる青木得三《あおきとくぞう》によって作詞されたものである。タイトルは、歌い出しから取られた（さきの引用は一四番〜一六番）。

ウラルの彼方風荒れて　東に翔ける鷲一羽
渺々《びょうびょう》遠きシベリアも　はや時の間に飛び過ぎて

（中略）

これ時宗の生まれし地　これ秀吉の生まれし地
一千の児が父祖の国　光栄しるき日本国

荒鷲今や南下しつ　八道の山後に見て
大和島根を衝かんとす　金色の民鉾《ほこ》執れや

ロシア（鷲）がシベリアを越えて、朝鮮（八道）を踏み渡り、いま日本列島（大和島根）を襲おうとしている。モンゴル襲来（元寇）を打ち払った北条時宗、朝鮮出兵（文禄・慶長の役）を行った豊臣秀吉の子孫である日本人よ、いまこそ武器をとれ――。こう述べられている。「一千の児」とは、一高の生徒数だ。

戦前の軍歌、愛国歌、唱歌、校歌、寮歌、社歌などは、基本的に七五調で書かれている。そのため、だれでもパズル感覚で歌詞をつくりやすく、また既存のメロディーにも当てはめやすかった。

「ウラルの彼方」も、同じ一高の寮歌「アムール川の流血や」（栗林宇一作曲）のメロディーが流用されている（現在では「アムール川の流血や」自体も、永井建子作曲の軍歌「小楠公」の流用だったことが判明している）。当時、作曲技術をもつものは限られていたので、有名なメロディーはあちこちで使い回されたのである。

軍歌にたびたび登場する意味

「ウラルの彼方」のつづきをみよう。その一〇番から一三番につぎの箇所がある。さきほど登場した北条時宗と豊臣秀吉以外に、もうひとり、新しい人物が加わっている。

玉なす御手に剣執り　華顔潮《うしお》に潤して
高麗《こま》半島を懲《きた》めにし　神功《じんぐう》皇后君見ずや
海を覆ひて寄せ来たる　敵艦四千鎮西の
蒼溟深く沈めたる　彼時宗を君見ずや
明朝鮮を討ち取りて　鳳輦《ほうれん》遠く迢遥《ちょうよう》と
唐の都に謀りたる　彼秀吉を君見ずや

時宗の畬鉾取れや　秀吉の畬太刀佩《は》けや
恨尽きせぬ蛮族を　屠り尽さむ時至る

高麗半島、つまり朝鮮半島を懲らしめた神功皇后。これはいったいだれなのか。現在では、答えられないひとが多いのではないか。

エリート一高生の衒学《げんがく》趣味？　いや、じつは神功皇后は当時の軍歌にたびたび登場している。一〇年前の日清戦争のときはそれがより顕著だった。

開戦の年、一八九四（明治二七）年に発表されたものだけで、「神功皇后　三韓征服の歌」（橋本友鷗作詞）、「神功皇后三韓征伐の歌」（寒英居士作詞）、「神功征韓の歌」（野際馨作詞）、「神后三韓征伐の歌」（熱血処士作詞）、「神功皇后三韓征伐」（作者不詳）、「神功三韓征伐の歌」（作者不詳）などが確認できる（長谷川由美子「明治期に出版された軍歌目録」『戦争と文化』）。

ラジオもテレビもインターネットもない当時、軍歌は新聞以上に効率よく戦況を伝える、格好のメディアだった。連戦連勝に興奮した日本人は、歌詞が書かれた本を争って買い求めたのである。

タイトルに出てこないものの、歌詞に神功皇后が出てくるものだとこれよりさらに数が増加する。国学者の福羽美静《ふくばびせい》が作詞した「我国旗」をみてみよう。

我日の本の日章旗　東の洋にさし昇る
旭とともに照り渡り　二千年来赫々と
たゞ一度も汚したる　ためしあらざる旗なるぞ
昔神功皇后の　三韓征伐ありしとき
風を望みて高麗百済　新羅もともに矛をすて
兜を脱ぎて軍門に　降服せしもこの旗ぞ

このころの軍歌本は、しばしば番ごとに分かち書きされていなかった。どっちみち七五調なので、適当なメロディーでうたえというわけだ。この「我国旗」も切れ目が定かではないが、やはり神功皇后が高麗（高句麗）・百済・新羅を服属させたとしている。

そしてこのあと、やはり元寇と朝鮮出兵に触れられたあと、目下の日清戦争で締めくくられる。

見よや見よみよ清韓の　頑な人よ汝が父祖の
我軍勢に畏れたる　昔談は知りながら

年経るまゝに忘れ果て　たゞ古の虚言と
身の程知らぬ豚尾漢　今ぞ現在我国の
武勇は夜伽のことならで　まことのことを知らしてん

豚尾漢とは、弁髪を結っていた清国人を嘲ったものだ。

福羽美静は、明治初頭に神道の国教化を推し進めたイデオローグのひとりで、子爵の爵位も与えられた名士だった。それでもこの下品なことばづかいなのだから、当時の高揚感を思わずにはいられない。

軍歌は広く国民に届き、感情を揺さぶらなければならない。そこに登場するのが見ず知らずの人物だと用をなさない。ということは、当時のひとびとは神功皇后をおおよそ知っていたということになる。

じつは、神功皇后もまた神武天皇と同じく、神話上の人物のひとりだった。本章では、彼女を取っ掛かりに神話と戦意高揚の関係、そして「先祖より代々」という物語がもつ危険性について考えたい。

対外戦争の指導者としての神功皇后

神功皇后は、第一四代仲哀天皇の皇后である。名は気長足姫尊《おきながたらしひめのみこと》という。しばしば神がかりとなり、神託を伝える巫女的な役割も果たしたが、仲哀天皇の死後は、息子の第一五代応神《おうじん》天皇が即位するまで、六九年にわたって政務を担った。

神功皇后が注目されるのは、その執政中、妊娠中の身ながら、みずから軍隊を率いて朝鮮半島に攻め込んだからだ。

例によって、記紀で神話の内容が微妙に異なるが、以下ではより詳細な『日本書紀』の記述に従おう。

仲哀天皇の治世がはじまって八年め。天皇は、九州南西部の熊襲《くまそ》を征伐するために、筑紫の香椎宮（福岡市の香椎宮がそのあとといわれる）に、神功皇后とともに滞在していた。

このとき、皇后を通じて「自分を祀ったならば、熊襲だけではなく、金銀財宝豊かな新羅もおのずと服従するだろう」との神託が下った。ところが天皇はこれを信じなかったため、翌年急病にかかり崩御してしまった。

そこで皇后は、あらためて神託を受けて、熊襲などを平定し、ついで新羅への出兵を決意した。

その出陣のシーンはなかなか勇ましい。髪をみずらに結った皇后は、みずから刑罰の印である斧鉞《ふえつ》を握り、「敵が少なくとも侮るな。敵が多くとも屈するな」などと麾下の軍勢を叱咤激励。そして臨月を迎えていた腹に石を挟んで、「帰国後に生まれたまえ」と祈念して、対馬を経由し、新羅の国に到達した。

新羅の王は、海上より突然あらわれた軍勢に恐れおののき、「東に日本という神国があると聞く。やってきたのは、その聖王である天皇の神兵であろう。どうして挙兵してこれを防ぐことができようか」とただちに降参し、服属を約束した。

ちなみに、この新羅王の発言が「神国」ということばの初出だ。そのため、原文（書き下し）も引用しておこう。

吾聞く、東に神国有り。日本と謂ふ。亦聖王有り。天皇と謂ふ。必ず其の国の神兵ならむ。豈兵を挙げて距《ふせ》くべけむや。

この新羅の服属をみた百済、高句麗も同じく服属したため、皇后は帰国し、筑紫で誉田《ほんだ》別皇子《わけのおうじ》を生んだ。これがのちの応神天皇である。

このように神功皇后が新羅・百済・高句麗を服属させた遠征を三韓征伐という。

皇后はその後、反逆した皇子たち（応神天皇の異母兄弟）を打ち破り、大和に帰還した。

『日本書紀』ではこの年を摂政元年とする。西暦に換算すると二〇一年。皇后はそこから六九年にして、ちょうど一〇〇歳で崩御した。

神功皇后の活躍は、すべてそのまま事実として受け取ることはできない（それだと妊娠期間が長すぎて、応神天皇の父が仲哀天皇でなくなってしまう）。ただ、三世紀には卑弥呼が活躍しており（『日本書紀』もしばしば『魏志倭人伝』を引用する）、四、五世紀には古代日本が朝鮮半島に進出している。確定的なことは言いにくいが、どうもこれらの歴史を組み合わせたものらしい。

いずれにせよ、伝承上とはいえ、このようにみずから外国に攻め込んだ皇后は、神功皇后しかいない。天皇にいたっては、ひとりとして例がない。だからこそ、たぐいまれなる対外戦争の指導者として、北条時宗、豊臣秀吉と並び称されたのである。

神武天皇よりも人気があった神功皇后

前出の原武史が『皇后考』で指摘するように、明治維新の当時、神功皇后は神武天皇よりはるかにひとびとに馴染みのある存在だった。

有名な京都の祇園祭には、神功皇后をモチーフとする山車が三つあるが（「占出山」「出征船鉾」「凱旋船鉾」）、神武天皇のそれはひとつもない。

また、神功皇后にゆかりのある地名や神社の数も、神武天皇より多い。現在から振り返ったデータではあるものの、近代以降、神武天皇が強く押し出されたことを考慮すると（つまり神武天皇関係の神社が増えたはずなのに、いまだ神功皇后のそれに劣っている）、かえって神功皇后の根強い人気を裏付けしている。

たとえば、佐賀県の嬉野温泉。二〇二二（令和四）年、西九州新幹線の駅が新しくできたことで注目を集めているけれども、その名の由来は、神功皇后が負傷兵を入浴させたところ傷が治り、「うれしや」「うれしいのう」などと述べたことにあるとされる。

同じく佐賀県を代表する武雄温泉（旧称、柄崎温泉）も、神功皇后が開湯伝説に関わっている。応神天皇出産後、武雄にやってきた皇后は、岩間より流れる水に白鷺が怪我した足を浸しているのを目撃した。そこで刀の小柄でその岩を叩くと、湯があふれ出た。そのため、柄崎の湯と名付けられたという。

もちろん、神功皇后が実際にそのような言動をしたという証拠はない。ただ、地元の民衆が神功皇后の説話をありがたがり、観光アピールに積極的に使っていたことが重要なのだ。どうでもいい無名の人物ならば、このような使い方をしないからである。

これにくらべて、神武天皇が温泉の開湯に関わったという話は聞いたことがない。

以上のような経緯を踏まえて、原武史は、第一章で紹介した「服制改革の詔」において

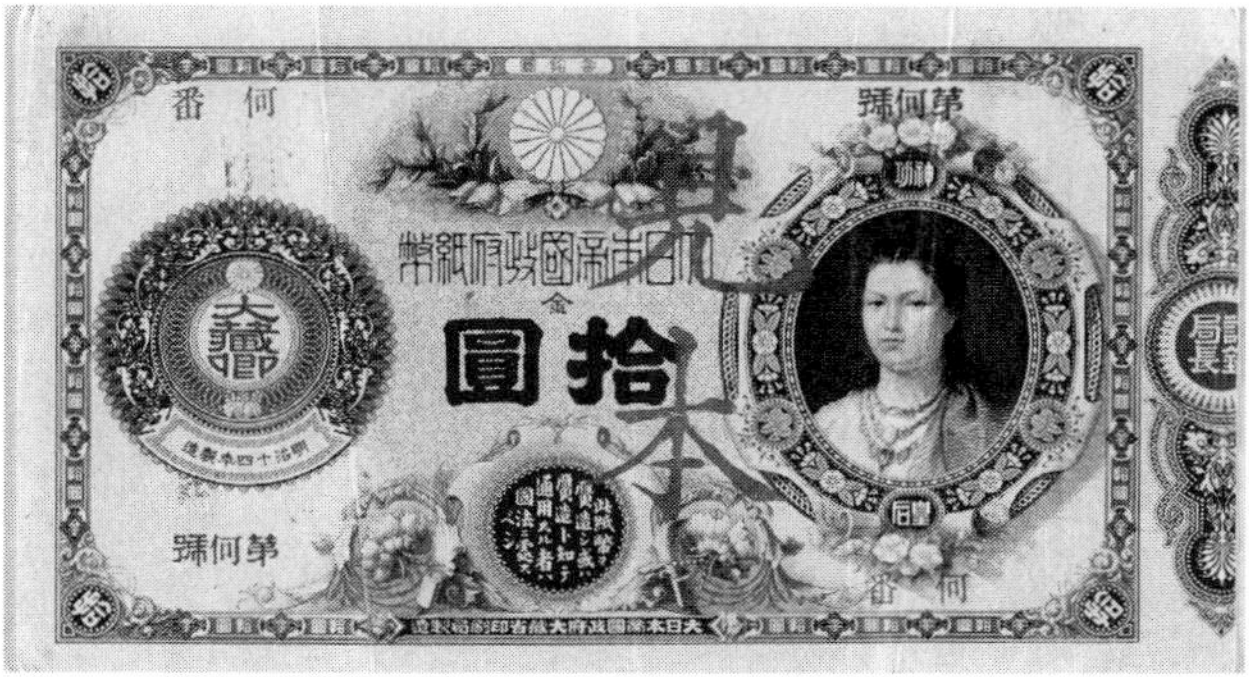

3-1　神功皇后が描かれた10円券（国立公文書館デジタルアーカイブより）

「神武創業」のみならず「神功征韓」が並列されているのは（「神武創業、神功征韓の如き、決て今日の風姿にあらず」）、無名だった神武天皇だけでは説得力に欠け、有名だった神功皇后も引き合いに出さざるをえなかったのではないかと推測している。

政府紙幣にも使用された神功皇后

さらに神功皇后は、日本ではじめて政府紙幣に肖像が使用された人物でもあった。一八八一（明治一四）年発行の一円券がそれで、翌年発行の五円券、翌々年発行の一〇円券も、神功皇后の肖像が使用された（3－1）。

このいわゆる神功皇后札の肖像を手掛けたのは、明治天皇の御真影にも関わった、イタリア出身の銅版画家キヨッソーネだった。

それぞれデザインが微妙に異なっており、最初の一円券はいかにも西洋婦人風だが、五円券、一〇円券になるにしたがって、日本人らしいふっくらとした丸顔になっている。キヨッソーネはデザインにあたり、印刷局で働く数名の女性職員をモデルとした。徐々に筆致を現実に合わせていったのだろう。

神功皇后の肖像は、一八七八（明治一一）年発行の政府起業公債の一〇〇円証書、五〇〇円証書、一九〇八（明治四一）年発行の五円切手、一〇円切手にも使用された。日本の切手ではじめて使われた人物肖像は、やはり神功皇后だった。

それだけではない。神功皇后はもっとリアリティーがある存在だった。明治天皇の皇后美子《はるこ》（昭憲《しょうけん》皇太后）は海軍好きだったとされ、しばしば単独で軍艦の進水式に臨み、軍艦に乗って海を渡ることもあった。大正時代のことではあるものの、その雄々しい姿が神功皇后に重ねられたこともあった。

このように神功皇后は高い知名度を誇った。日清・日露戦争の軍歌でたびたび登場するのも、けっしてふしぎなことではなかった。

戦う女性は不要に？

神功皇后は天皇に即位していたのではないか。その存在感の大きさから、古来そのような指摘が絶えなかった。現に『風土記』では天皇とする箇所もある。もし即位していたとすれば、神功皇后は推古天皇にさきだって、日本最初の女帝だったということになる。

たしかに、現在の皇統譜（第一代神武天皇、第二代綏靖天皇、第三代安寧天皇……と天皇の系譜を記したもの）では神功皇后は天皇として認められていない。ただ、それはけっして決定的なものではなかった。

そもそも皇統譜の確定にはずいぶんと時間を要している。第三九代弘文《こうぶん》天皇、第四七代淳仁《じゅんにん》天皇、第八五代仲恭《ちゅうきょう》天皇が追号されて正式な天皇になったのは明治時代だし、南北朝時代の天皇についても、南北どちらを正統とみなすのかでずいぶんと紛糾があった（南北朝正閏《せいじゅん》論）。最終的に皇統譜が完成するのは、南朝の長慶《ちょうけい》天皇が正式に第九八代天皇に加えられた、一九二六（大正一五）年のことなのである。戦前の体制や価値観は一時に定まったのではなく、徐々に形成されていった。

しかもその認定は、かならずしも学術的な成果に基づくものではなかった。現在でも、たとえば弘文天皇（壬申の乱で敗北した大友皇子）は即位していなかったのではないかなどという説も根強い。政治状況次第で、またちがった皇統譜もありえたのだ。

そのため、神功皇后が天皇に加えられた可能性もまったくないわけではなかった（なお本書では、皇統譜の序数がこのように客観的なものではないことを踏まえたうえで利便性からあえて用いている）。

3-2　富山県入善町の神功皇后像
（2023年3月撮影）

　ともかく、結果として神功皇后は天皇に認定されなかった。

　そしてこの皇統譜が確定しようとする時期、神功皇后の人気には翳りが差していた。日露戦争が終わるころには、すでに神功皇后の名前も軍歌などですっかり見かけなくなった。ましてや大正時代はなおのこと。六九年にもわたり政治を担い、神武天皇より高い人気を誇った神功皇后がなぜ――。

　ひとつ考えられるのは、近代において女性は戦う存在ではなく、家を守る存在とされたからだろう。また日清戦争や日露戦争で数多くの軍神が登場し、もはや古代の皇后を持ち出す必要がなくなったことも大きい。

　現に、戦前の神功皇后像は富山県入善町に一体あるのみ（3－2）。一九一一（明治四四）年に設置された表忠碑（揮毫は乃木希典）で、原型は同県氷見市の神武天皇像と同じく大塚秀之丞が手掛けた。現在では一部分が欠損しており、なんとも寂しい。これにくらべると、神武天皇の存在感が徐々に大きくなっていたのがよくわかる。

ときあたかも、日清戦争の直後、ヤマトタケル（日本武尊）の再来と呼ばれた皇族軍人があらわれた。現在も旧東京国立近代美術館工芸館の前に銅像が立っている、北白川宮《きたしらかわのみや》能久《よしひさ》親王がそのひとだ。そしてかれは神功皇后よりも、はるかに当時の国威発揚にマッチする存在だった。

悲運の皇族・北白川宮能久親王

北白川宮能久親王は、若くして各地を転々とし、最後は外征先の台湾で病没した、悲運の皇族である。しかしながら、やはり現在では知るひとが少なくなっている。

能久親王は、一八四七（弘化四）年二月、伏見宮《ふしみのみや》邦家親王の第九子として京都に生まれた。幼名は満宮《みつのみや》。

兄弟の顔ぶれは、のちの山階宮《やましなのみや》晃《あきら》親王、久邇宮《くにのみや》朝彦《あさひこ》親王、小松宮彰仁親王、華頂宮《かちょうのみや》博《ひろ》経《つね》親王、北白川宮智成《さとなり》親王（初代）、伏見宮貞愛《さだなる》親王、閑院宮《かんいんのみや》載仁《ことひと》親王、東伏見宮《ひがしふしみのみや》依仁《よりひと》親王などと錚々《そうそう》たるものがある。大東亜戦争後、皇室経済の悪化から皇籍離脱となる一一宮家は、すべてかれらから派生した（いわゆる伏見宮系皇族）。

さて満宮は、幼くして先帝・仁孝天皇の猶子（養子）となり、法親王家の附弟（仏弟子）となった。そして一八五八（安政五）年、親王宣下を受けて能久と名乗るとともに得度。公現の法号を得て法親王となり、江戸の東叡山寛永寺に入った。一八六七（慶応三）年には、二〇歳で輪王寺宮門跡を継承し、東叡山と日光山の住職を兼ねた。

このように徳川将軍家にとって重要な寺院の住職は、法親王の指定席だった。

ところが、輪王寺宮公現法親王には思わぬ運命が待ち受けていた。翌年、戊辰戦争が勃発すると、幕府方に担がれて東北地方を転々とすることとなったのである。そのため、戦後は親王の身分を停止され、京都の伏見宮邸で謹慎の日々を送らなければならなかった。

こうした苛烈な扱いの背景には、かれを東武皇帝に即位させて官軍に対抗させるという案が幕府方にあったためともいう。

それはともかく公現は、一八六九（明治二）年、赦免されて伏見宮家に復帰。翌年、還俗して能久王となり、休むまもなくプロイセンの陸軍大学校に留学するためドイツに旅立った。

この留学中、弟の北白川宮智成親王死去にともなって同宮家を継承。そのいっぽうで、現地の貴族の娘と恋仲になり、勝手に婚約して明治天皇を激怒させたりもした。帰国後の一八七八（明治一一）年、さすがに婚約は解消して親王にも復帰、ようやく北白川宮能久親王となった。

　お騒がせ皇族だったかれも、その後は軍人として陸軍内で順調に出世し、東京鎮台司令官、第六師団長、第四師団長などを歴任。日清戦争には従軍しなかったものの、一八九五(明治二八)年、近衛師団長として新領土になった台湾の平定におもむいた。ところが現地でマラリアを発症し、同年一〇月、薬石効なく台南で陣没した。四八歳。死後、陸軍大将に昇進した。

　明治天皇の考えで、皇族男子は陸海軍いずれかの軍人になることが求められていた。ノブレス・オブリージュというわけだが、さすがに生命の危険にさらされることはまれだった。そのなかで陣没にまでいたったのは、この能久親王がはじめてだった。

『古事記』のヤマトタケル神話

　では、なぜこの能久親王はヤマトタケルと比較されたのか。ここでまた神話を振り返らなければならない。

　ヤマトタケルは、第一二代景行天皇の皇子として生まれた。神功皇后の夫である第一四代仲哀天皇は息子にあたる(その間の第一三代成務天皇は弟)。

　じつはこのヤマトタケル、『古事記』と『日本書紀』でずいぶんと神話の記述が異なっている。そこでまずは『古事記』をみてみよう。ここでのヤマトタケルは、悲劇のヒーローである。

はじめ小碓命《おうすのみこと》と名乗ったヤマトタケルは、兄の大碓命を惨殺したその荒々しい性情を恐れられ、父の天皇より西方のクマソタケル兄弟を征伐するよう命じられる。そして女装して不意をつき、これを刺殺。そのおり、相手の弟より「ヤマトタケル（倭健）」という名前を献上された。

都に凱旋したヤマトタケルは、しかし、また天皇より、東方一二ヵ国への遠征を命ぜられてしまう。そのため、途中立ち寄った伊勢神宮で、叔母のヤマトヒメ（倭姫命）に「天皇は私が死ねばよいと思っているのだ」と嘆く。それでもヤマトヒメより草薙剣と袋（火打ち石入り）を授かり、東方に出撃した。

まず、尾張国でミヤズヒメ（宮簀媛）と婚約し再会を約束。つぎに、相武国《さがむのくに》で国造に欺かれて火計に遭うも、草薙剣で燃え盛る草を薙ぎ払い、火打ち石で向かい火をつけて危難を脱出。また走水では、海峡の神が荒ぶり道を阻んだものの、后のオトタチバナヒメ（弟橘媛）が入水してこれを鎮め、渡海に成功した。

こうしてヤマトタケルは、東国の奥地に進み、荒ぶる神々や服属しない民をことごとく平定。そして足柄、甲斐、科野国《しなののくに》を経て、尾張国に帰還し、そこでようやくミヤズヒメと結婚した。

ところがその後、伊吹山の神を討ち取ることに失敗して発病してしまう。そこで大和へ戻ろうとするも、その途上、伊勢国の能煩野《のぼの》で絶命。その直前、「倭《やまと》は　国のまほろば　たたなづく　青垣　山隠《ごも》れる　倭しうるはし」など有名な望郷の歌（国思歌）をうたった。

死没地には陵がつくられたが、ヤマトタケルは大きな白い千鳥となって、西へと飛んでいき、河内国の志幾にとどまった。そのため、ここにも陵がつくられたが、白い千鳥はさらに空高く飛び立っていった――。

日本初の銅像はヤマトタケル

以上が『古事記』での概略だが、いっぽうの『日本書紀』のヤマトタケルは、甲斐甲斐しい忠臣として描かれる。

東西に遠征して、最後に死没するという展開は変わらないものの、『古事記』でのように、手がつけられない荒くれものではない。兄は殺していないし、父の天皇から嫌われてもいない。東方遠征も、みずから志願してさえいる。

文学的に美しいのは前者だが、国威発揚になるのは後者だ。じっさい、戦前に参照されたのはもっぱら『日本書紀』のヤマトタケルだった。

3-3　金沢市の日本武尊像（2021年2月撮影）

そしてこのヤマトタケルもまた、明治初頭には神武天皇より知られた存在だった。やはり各地にゆかりのある神社や地名が残っている。

筆者は、大阪府羽曳野市の公立小学校に六年間通ったが、この羽曳野という名は、さきほどの白い千鳥（『日本書紀』では白鳥）が地上に降り立ち、羽を曳くがごとく飛び立ったという地元の伝承に由来する。ヤマトタケルの陵墓（白鳥陵）のひとつも同市内に存在する。

そして日本最初の銅像もまた、このヤマトタケルなのである。金沢市にある旧加賀藩主の庭園・兼六園に立つ、「明治紀年之標」（揮毫は有栖川宮熾仁《たるひと》親王）がそれで、西南戦争で戦死した将兵を慰霊するため一八八〇（明治一三）年一〇月に建立された（3―3）。

台座となっている石組みの高さは六メートル、銅像は五・五メートル。靖国神社外苑の大村益次郎像が全高一二メートルだから、それにほぼ等しい。

顔はふくよかで、髪が肩までかかり、袴がスカートのように広がっている。剣はもっているものの、女性のようで、あまり武人のようにみえない。クマソタケル討伐のときの故事（女装）を踏まえたものだろうか。

銅像のデザインはだれかわかっておらず、建立の理由も諸説ある。熊襲征伐と西南戦争の賊軍征伐を重ねたとも言われるが、定かではない。

ヤマトタケルと重ねられた能久親王

ともかく、天皇の命にしたがって各地を転々として、最後は病に倒れるヤマトタケルの姿が、同じく各地を転々として、最後は陣没する北白川宮能久親王に重ねられたのである。

一八九五（明治二八）年一一月、すなわち薨去《こうきょ》の翌月には早くも、大阪朝日新聞に能久親王をまつる神社を台湾に建てるべきという論説が掲載された。能久親王はヤマトタケルや、建武の新政（中興）を行った後醍醐天皇の四皇子に並ぶ存在だというのである。

日清の役亦皇族の軍に従ふ者多し。而して未だ職に斃《たお》れし者あらず。之あるは能久親王を以て中興後一人と為す。故に日本武尊より千二百余年にして後醍醐の四皇子あり、後醍醐の四皇子より五百六十年にして能久親王あり。其の功日本武の熊襲征伐東夷平定と多く相譲らず、而して大節巍然《ぎぜん》死を踏みて辞せざるものは、曷《なん》ぞ四皇子の下に在らんや。

これ以外にも、能久親王をヤマトタケルと比較したものは多かった。

このような動きにより、台湾神社（のち台湾神宮）、台南神社など台湾に創建されたほとんどの神社に能久親王は祭神として祀られた。まさにヤマトタケルと同じく神になったのである。

そして明治のヤマトタケルたる能久親王の銅像も一九〇三（明治三六）年に建てられた。場所は、東京北の丸に駐屯していた近衛歩兵第一、第二連隊の営門前。皇居と靖国神社の間、現在は日本武道館が建っているあたりだ。まさに東京のど真ん中である（3－4）。

銅像は戦後も残されたが、一九六三（昭和三八）年、北の丸公園の整備にともなって、やや南の東京国立近代美術館分室のまえに移設された。同館は、旧近衛師団司令部の庁舎だから、たいへんよく馴染んでいる。

3-4　北白川宮能久親王像（2020年2月撮影）

能久親王は、いまにも駆け出さんとするかのような軍馬に跨っている。神話上の人物と異なり、躍動感にあふれてリアリティーがある。原型をつくった新海《しんかい》竹太郎《たけたろう》は、近衛騎兵として能久親王に仕えたあと（台湾にも出征している）、彫刻家に転じた異色の人物。鋳造は、陸軍砲兵工廠で行われた。

ちなみに軍人皇族の銅像は東京ではこれ以外にも、小松宮彰仁親王像、有栖川宮熾仁親王像、有栖川宮威仁《たけひと》親王像が建てられている。

「昭和のヤマトタケル」となった永久王

陣没する皇族は珍しかったからこそ、能久親王はヤマトタケルと讃えられた。では、それ以降はどうだったのだろうか。

じつはもうひとり、陣没した皇族がいる。

それは、能久親王の孫にあたる北白川宮永久《ながひさ》王だった。永久王の父・成久王（能久親王の三男。長男は側室の子だったため、竹田宮家を創設。次男は夭折）もパリ郊外で自動車の運転をあやまり事故死しているため、北白川宮家は悲劇の宮家ともいわれる。

永久王は、一九一〇（明治四三）年二月に生まれた。皇族男子は軍人になる慣習にしたがって陸軍に入り、陸軍士官学校、陸軍大学校を卒業。一九四〇（昭和一五）年三月、駐蒙軍参謀部つきになり、蒙疆《もうきょう》（現・中国内モンゴル自治区）に赴任した。

すでに日中戦争が発生しており、現地には日本の傀儡《かいらい》政権である蒙古聯合《れんごう》自治政府が成立していた。駐蒙軍はその政務指導や警備などを任務としていた。

永久王は六月に駐蒙軍参謀となったが、それから間もない九月、超低空で飛んできた訓練中の戦闘機に接触して重傷を負い、病院に運ばれるも死亡してしまう。三〇歳の若さだった。死後、少佐に昇進した。

永久王の死亡は事故死ではなく戦死とされ、日本国内でも大々的に報道された。このときもヤマトタケルとの比較が行われている。翌年、ビクターよりレコードが発売された「故北白川宮永久王殿下を悼み奉る歌」（北原白秋《きたはらはくしゅう》作詞、陸軍軍楽隊作曲）の二番を左に引いてみよう。

竹の園生《そのう》のみ身にして　あへて潜らす弾丸の雨、
「日本武」のさながらを　雄々しく宮はましましき。

永久王はまた、神武天皇を支えた皇子にもたとえられた。コロムビアより発売された「嗚呼北白川宮殿下」（二荒芳徳作詞、古関裕而作曲）の四番はつぎのとおりだった。

おもへ神武の大御業　扶け奉れる皇子の如
御魂捧げし御いさをに　今大東亜興りゆく
嗚呼若き参謀の宮殿下

蒙古聯合自治政府の首都である張家口《ちょうかこう》には、蒙疆神社が鎮座していた（祭神は、アマテラス、明治天皇、国魂神）。「昭和のヤマトタケル」となった永久王は、対米英開戦が迫る一九四一（昭和一六）年、この神社に合祀されることになったのだった。

招魂社から靖国神社へ

戦死すると神社に祀られる――。こう聞いてまっさきに思い浮かぶのは靖国神社だろう。

3-5　靖国神社外苑の大村益次郎像（2021年7月撮影）

では、能久親王や永久王も靖国神社に合祀されたのだろうか。

その答えは、戦前はノー、戦後はイエスとなる。どういうことか。この謎を取っ掛かりに、靖国神社の祭神と神話との関係についても考えてみたい。

そもそも靖国神社の歴史は、一八六九（明治二）年六月にさかのぼる。長州藩出身の兵部大輔・大村益次郎《おおむらますじろう》の尽力により、東京の九段坂上に東京招魂社が創建され、戊辰戦争の戦没者が合祀された。

すでに前年、京都の東山霊山に招魂社が創建され、ペリー来航以来の国事殉難者（尊王攘夷の志士など）が合祀されていた。新政府が東京に移されたことにともない、東京にも招魂社が設けられたのである。

招魂とは、国事殉難者や戦没者の魂を招き、慰めることをいう。一時的な催しとしての招魂祭はすでに行われていたが、招魂社はそのための恒久的な施設だった。

そしてこの東京招魂社が、一八七九（明治一二）年六月、靖国神社に改称された。現在、同社の外苑に大村益次郎の銅像が建っているのはこのような事情による（3－5）。

御霊信仰を取らなかった靖国神社

そんな靖国神社は現在、約二四六万柱の祭神を合祀する。その内訳は、（1）ペリー来航以降の幕末の国事殉難者、（2）戊辰戦争・西南戦争などの内戦戦没者、（3）日清戦争から大東亜戦争までの対外戦争戦没者に大きく分けられる。

戦後、いわゆる「戦犯」として処刑されたものなども合祀されたため、もう少し複雑になってしまったが、戦前はこの三者が中心だった。

日本には古来、御霊《ごりょう》信仰というものがある。不幸な事故で亡くなったものは、敵味方の区別なく怨親平等に慰霊しようという考えだ。だが、靖国神社はこれを取らなかった。まず敵を排除したうえで、味方についても立場や最期の様態によって合祀するかどうかが厳しく審査された。

このような審査は、所属部隊からの報告にもとづいて、原則として陸軍省と海軍省で行われた。そこで通過したものが、天皇の許可を得たのち、靖国神社に合祀された。

軍人だけではなく、軍属や民間人も対象となったが、軍人以上に判定は厳しかった。とくに民間人はきわめてまれだった。軍人でも、平時の事故死などは対象にならなかった。また時代に応じて、病死者や自決者などの扱いが異なるケースもあった。

そうした事情もあり、有名な軍人でも意外と靖国神社に祀られていなかったりする。日露戦争で活躍して、国民的な英雄となった乃木希典や東郷平八郎もそうだった。乃木は明治天皇に殉死し、東郷は病死した。いずれも平時の死亡だったため、かれらはそれぞれ乃木神社、東郷神社の祭神になっているものの、靖国神社には祀られていない。

もちろん、戊辰戦争や西南戦争で賊軍となった会津藩の白虎隊や西郷隆盛なども祀られていない。

戦前に皇族が靖国神社で祀られなかった理由

以上を踏まえると、能久親王や永久王は靖国神社に合祀されてもおかしくないはずだ。なぜ、戦前はノーとなるのか。病死だったり、事故死だったりするからか。

いや、そうではない。その理由はかれらが皇族だったから——ということに尽きる。つまり、靖国神社はあくまで臣民を対象にした神社だったのである。それゆえ、能久親王は台湾神社などに、永久王は蒙疆神社に、それぞれ祀られたのだった。

このような区別は、社格をみると一目瞭然だった。

社格とは、一八七一（明治四）年五月に定められた、神社の格付けをいう。靖国神社は東京招魂社から改称されたとき、上から七番目の別格官幣社に列せられた。意外に低いと思われるかもしれない。だが、より上位の社格は皇族や神々を祭神とする神社のためのものだった。

最終的に確定した社格をみてみよう。

官社：官幣大社、国幣大社、官幣中社、国幣中社、官幣小社、国幣小社、別格官幣社
諸社：府県社、郷社、村社、無格社

官社は神祇官（後述）が管轄する神社であり、諸社は地方官が管轄する神社である。

能久親王と開拓三神（大国魂命、大己貴命＝オオクニヌシ、少彦名命）を祀った台湾神社は一番目の官幣大社、能久親王のみを祀った台南神社は三番目の官幣中社だった。

いかに英霊（このことばは日露戦争を契機に定着した）とはいえ、靖国の祭神はもともとただ

の一臣民。生まれながらの皇族や神々にはかなわないというわけだった。

序列化される神社

そもそもこの社格はなんのために設けられたのか。これもやはり明治維新の理念「神武創業」と関わっていた。

江戸時代まで、神道と仏教は混合されており（神仏習合）、神社と寺院の区別も曖昧だった。神職が仏像のまえで念仏を唱えるなどという光景も珍しくなかった。天皇家も仏教を厚く信仰しており、第一章で触れたように、京都御所に仏壇（御黒戸）があったほどだった。

明治政府はこの神仏習合をキャンセルすべき中世の悪習と考え、神仏の分離を指示。さらに古代の祭政一致を取り戻すとして、神社行政をつかさどる神祇官を復興させた。そこで神社は「国家の宗祀」（国家の祭祀施設）とされ、神職は官吏化されて世襲を禁じられた。宮中祭祀からも仏教色は一掃された。

このような動きのなかで行われたのが、神社の序列化だった。

近代創建の神社では、神武天皇を祀る橿原神宮、桓武天皇・孝明天皇を祀る平安神宮、後醍醐天皇を祀る吉野神宮、明治天皇を祀る明治神宮などは官幣大社とされた。これにたいして、護良《もりよし》親王を祀る鎌倉宮、恒良《つねよし》親王・尊良《たかよし》親王を祀る金崎宮、懐良《かねよし》親王を祀る八代宮などは官幣中社とされた。

つまり、天皇が祭神だと官幣大社、皇子だと官幣中社になっている。例外もあるのだが、祭神で社格を区別していたことがわかる。

官幣社・国幣社の名称は、古代の制度に由来し、神祇官が幣帛《へいはく》をたてまつる（おもに畿内近辺の）神社を官幣社、地方の国司が幣帛をたてまつる神社を国幣社と呼んでいた。

ただし、近代の制度ではこの限りでなく、国幣社には地方の一の宮（島根県の熊野神社、新潟県の彌彦《いやひこ》神社、宮崎県の都農《つの》神社ほか）などが列せられた。朝廷とのゆかりが深い二二社（石清水八幡宮、賀茂御祖神社、賀茂別雷神社、松尾神社ほか）などは、すべて官幣社だった。

なお、伊勢神宮はすべての神社を超越した存在として、社格の対象外とされた。伊勢神宮、とりわけアマテラスを祀る内宮がこのように別格に扱われたのも、近代になってからのことだった。

ただし、アマテラスなど最高格の神を祀っていても、小さな神社は下位の社格にとどまった。祭神の尊貴さと社勢の大きさを総合して判断が下されたのである。また社格は流動的であり、県社から官幣小社へ昇格することなどもあった。

3-6　湊川神社（2022年1月撮影）

古代にはなかった「別格官幣社」

近代社格制度でもっとも注目すべきなのは、やはり靖国神社も列せられた別格官幣社だ。天皇や朝廷のために尽くした臣下を祀る神社を対象とする社格で、古代にはないものだった（神武創業の恣意性！）。

別格官幣社には、南北朝時代、南朝（水戸学などで正統とされていた）について戦った武将や公卿を祀った神社が多く列せられた。

楠木正成《くすのきまさしげ》を祀る湊川神社（神戸市）（3－6）、楠木正行《まさつら》を祀る四條畷神社（大阪府四條畷市）、新田《にった》義貞《よしさだ》を祀る藤島神社（福井市）、北畠顕能《きたばたけあきよし》を祀る北畠神社（津市）、名和《なわ》長年《ながとし》を祀る名和神社（鳥取県大山町）、菊池三代を祀る菊池神社（熊本県菊池市）などがその典型である。

このほかにも、藤原氏の始祖である藤原《ふじわらの》（中臣《なかとみの》）鎌足《かまたり》を祀った談山神社（奈良県桜井市）、奈良時代に皇位を狙った僧道鏡《どうきょう》の野望を阻止した和気清麻呂《わけのきよまろ》と姉の広虫《ひろむし》を祀った護王神社（京都市）などもここに含まれた。

そのいっぽうで、徳川家康を祀る日光の東照宮も別格官幣社とされた。これは、中世キャンセルの一環だった。江戸時代は神君として尊崇されていた家康もしょせん一臣下にすぎないというデモンストレーションである。

さらに家康の権威を相対化するかのように、織田信長を祀る建勲神社（京都市）、豊臣秀吉を祀る豊国神社（同）なども復興されて、いずれも別格官幣社に列せられた。江戸時代では考えられない価値基準だった。

靖国神社と護国神社の違い

ところで、靖国神社とセットで語られる神社に全国各地の護国神社があるが、同社はどのような扱いだったのだろうか。

護国神社は、幕末から明治初期にかけて、地元の国事殉難者を祀るために各藩などに設けられた招魂社に由来する。その名称は、東京招魂社が靖国神社に改称されてもそのままだったが、一九三九（昭和一四）年四月、内務省令によって一斉に護国神社にあらためられた。京都の招魂社も、京都霊山護国神社となった。

招魂社の取り扱いについては、地域ごとで大きな差異があった。長州藩のようにほかにさきがけていくつも設置した例もあれば、まったくなにもしない地域もあった。そのため、現在でも護国神社が大量に存在する県とそうではない県がある。

そして戦前の護国神社は平等ではなく、二種類に区別された。

ひとつは、各県を代表する護国神社で、内務大臣指定護国神社と呼ばれた。県名を冠した護国神社がおおよそそれにあたる。原則として各県一社だが、北海道、広島県、島根県、兵庫県、岐阜県のように、例外的に二社以上あるところもあった。もうひとつは、それ以外のすべての護国神社で、指定外護国神社と呼ばれた。

両者の間には社格でも差がつけられ、前者の指定護国神社は府県社相当、指定外護国神社は村社相当とされた。

もっとも、靖国神社と護国神社は単純な上下関係ではなかった。護国神社の祭神はその担当する地域の戦没者で、靖国神社のそれに準ずるけれども、「護国には祀られているものの靖国には祀られていない」など例外もあった。そもそも靖国神社の管轄は陸海軍省だが、護国神社は内務省だった。

戦後になると一部の護国神社では、殉職した警察官、消防官、自衛官などが合祀された。

これも靖国神社と異なる点である。

ところで、もともと招魂社がなく、護国神社をもたなかった県では、昭和戦時期に新たに護国神社が創建された。宮崎県や神奈川県のように終戦までに間に合わないところもあった。宮崎県には戦後護国神社が創建されたが、神奈川県には現在にいたるまで護国神社が存在していない（鎌倉市に「神奈川県護国神社」と名乗る施設があるが、民間有志がつくったもので、神社本庁が所管する神社ではない）。

軍事氏族・大伴氏の誓い

少し脱線したが、靖国神社の社格は最高格ではなかった。しかし、別の見方をすれば、靖国神社に祀られたものは、過去の英雄である楠木正成や豊臣秀吉に並ぶ存在になったともいえる。中世までの身分制社会では、まったく考えられないことだった。

なかでもよく引き合いに出されたのが、大伴氏だった。大伴氏は、天孫降臨の際にニニギに随伴したアメノオシヒ（天忍日命）や、神武東征に随伴したミチノオミ（道臣命）を祖先にもつとされる（系譜では、アメノオシヒ―ミチノオミ―大伴氏）。その伝承からわかるように、古代の軍事氏族だった。

記憶のいいひとは、第一章で取り上げた軍人勅諭の一節、「昔神武天皇躬づから大伴物部の兵どもを率ゐ」を思い出すかもしれない。つまり大伴氏は古代の忠臣として持ち上げられていたのである。

この大伴氏の有名な言立て（誓いのことば）に、つぎのものがあった。

（1）海行かば、みづく屍《かばね》、山行かば、草むす屍、王《おおきみ》のへにこそ死なめ、のどには死なじ

（2）海行かば　水漬く屍　山行かば　草生す屍　大君の　辺にこそ死なめ　顧みはせじ

海でも山でも天皇のお傍で倒れる覚悟だ。たとえ、打ち捨てられた屍となっても構わない——。（1）は聖武天皇の宣命、（2）は大伴家持の長歌（『万葉集』収載）に出てくるものだが、いずれも意味は如上のとおりだ。

東京招魂社で一八六九（明治二）年六月に行われた最初の招魂祭では、祭主の小松宮彰仁親王が奏上した祝詞に、この言立ての一節が読み込まれた。

天皇《すめら》の大御詔《おおみこと》に因りて、軍務知官事宮嘉彰白さく。去年《こぞ》の伏見の役より始て、今

年筥館の役に至まで、国々所々の戦場に立て、海行者水付屍《みづくかばね》、山行者草生屍《くさむすかばね》、額には矢は立とも、背には矢は不立《たてず》と言立て、身も棚不知《しらず》仕奉し将士の中に、命過ぬるも多《さわ》なりと所聞食て、其人等の健く雄しく丹心持て仕奉しに依てこそ、如此速に賊等を服《まつろ》へ果て、世も平けく治りぬれ。

天皇のために死のうという大伴氏の覚悟は、大伴氏に限らず、天皇のために倒れた将士すべてに当てはまる。そんな意図のもとで、大伴氏の言立ては祭文にしきりに引用された。それだけではない。この言立ては「海ゆかば」というタイトルで二度、軍歌にもなった。とくに有名なのが、一九三七（昭和一二）年、日中戦争の初頭に日本放送協会の依頼で東京音楽学校講師の信時潔《のぶときききよし》が作曲したものだった。

当時の日本は中国相手に連戦連勝を重ねており、この軍歌もけっして暗いものではなかった。ただその荘重なメロディーにより、大東亜戦争下には玉砕などの苦戦を伝える大本営発表のBGMとなった。そのため、戦後は鎮魂歌としてうたわれている。

現在でも終戦記念日の靖国神社に行くと、参拝者があちこちでうたっているのを耳にする。二〇〇五（平成一七）年六月、日本の委任統治領だったサイパンを訪問した平成の天皇が地元の高齢者からこの「海ゆかば」をうたわれて、表情をこわばらせたことがあった。

歌詞の内容を考えれば当然だが、それぐらい広く知られた軍歌だった。

こうして大伴氏の言立ては祭文や軍歌としてよみがえり、靖国神社の祭神は、ニニギを先導した神を祖先とする大伴氏のような存在として位置づけられたのだった。

「西の靖国神社」の存在

そこからさかのぼって、やがてもうひとつの「靖国神社」が発見された。大阪府藤井寺市にある伴林氏神社である。

伴林氏《ともばやしのうじの》神社は、タカミムスヒ、アメノオシヒ、ミチノオミを祭神とする。タカミムスヒは、アマテラスとともに天孫降臨を主導した神として第二章で紹介した（『古事記』のエピソード）。一説ではアメノオシヒの祖先とされる。つまり、これらの祭神はすべて大伴氏の祖先にあたる。

同社が注目されたのは、一九三二（昭和七）年のこと。軍人勅諭下賜五〇年を記念する事業のなかで、「軍人の祖神」を祀る神社として再発見され、大阪朝日新聞により「西の靖国神社」「関西の靖国神社」と大いに喧伝された。

そこから社域の拡張や参道の整備がはじまり、本殿・拝殿もあたらしく建てられ、近衛文麿の揮毫になる社号標もでき、靖国神社より手水舎が移築された（3－7）。こうしてそ

3-7　伴林氏神社の手水舎（2021年11月撮影）

れまで小ぢんまりした村社だったのが、大東亜戦争下の一九四三（昭和一八）年には広大な社域を誇る府社に昇格した。そのまま戦前の体制がつづいていれば、いずれ別格官幣社になったのではないか。

ただ、現在ではほとんど存在を知られておらず、高校生までこの近くに住んでいた筆者も足を運んだことがなかった。二〇二一（令和三）年末に訪問したときは、「海ゆかば」の記念碑と、大伴家持の顔ハメパネルが境内に立っていた。灯台下暗しとはこのことだ。

昭和天皇は、占領下の一九五〇（昭和二五）年七月一〇日、宮内庁長官の田島道治《たじまみちじ》に「天照大御神は平和の神、高産《ママ》神は戦争の神」と漏らしている（『昭和天皇拝謁記1』）。

その発言も、タカミムスヒが軍人の祖神だったという系譜を踏まえたものだったのではあるまいか。

臣下と皇族はわけるべし

ここまでの議論をあえて図式的に整理すると、つぎのようになる。

明治天皇＝神武天皇
皇后美子＝神功皇后
北白川宮能久親王＝ヤマトタケル
日本軍将兵＝アメノオシヒ（＝大伴氏）

このように古代（神話）と近代を等式化できるのも、日本では易姓革命が起こらず、万世一系の皇統が保たれてきたからだ――こういう物語を維持するためには、能久親王や永久王は靖国神社に合祀されてはならなかった。

ではなぜ、戦後になって合祀されたのか。それは、台湾神宮や蒙疆神社など外地の神社が大東亜戦争の敗戦によりことごとく廃止されたため、かれらを祀る神社が消滅してしまったからだ。

そのため、一九五九（昭和三四）年一〇月、靖国神社に特別に合祀されることになったのである。このとき、中国より持ち帰られ、大宮氷川神社に祀られていた蒙疆神社の御神体も、靖国神社に移された。

ただし、臣下と一緒くたにならないように、特別な配慮がなされた。あらためて、もうひとつの神座が設けられたのである。すなわち、靖国神社は現在、臣下の祭神のための一座と、皇族の祭神のための一座の二座となっているのだ。

座布団が二枚あり、その一枚に臣下の祭神が座り、もう一枚に皇族の祭神が座っているといえばわかりやすいだろうか。

ただし、これは戦後だからできたことであり、戦前は天皇と皇族と臣下は厳密にわけられていたことを忘れてはならない。

教育勅語でも「朕」と「爾臣民」、「皇祖皇宗」と「爾祖先」がはっきり区別されている。これこそ、大日本帝国の価値観だったのである。戦意高揚になればなんでもいいというわけではなかった。

「下からの参加」としてのプロパガンダ

ここで大切なのは、このような「祖先より代々」という物語はけっして政府や軍部から強制されただけではなかったことだ。

戦前の神道はしばしば国家神道と呼ばれる。そのことばには、あたかも政府が神社を管理して、国民を教化・煽動するプロパガンダをほしいままにしていたというイメージがこびりついている。

だが、最近ではそのイメージは一面的だったと指摘されるようになってきている。というのも、「惟神《かんなが》の大道」ともいわれた神道の国教化は早くに断念され（神社神道は国家に特別扱いされる代わりに、ほかの宗教の「信教の自由」に抵触しないように「宗教ではなく国民的な道徳・倫理」とされた）、その後の神道行政もけっして一貫性をもっていなかったからだ。

神社を監督する官庁は明治時代だけで、神祇官、神祇省、教部省、内務省社寺局、内務省神社局と目まぐるしく変化した。

そのうち、神社のみを管轄した官庁は初期の神祇官、神祇省のみ。一八七二（明治五）年に設置された教部省は仏教などの宗教と抱き合わせであり、それ以降は内務省の一部局扱いだった。一九〇〇（明治三三）年に設置された内務省神社局は神社のみを管轄する部局だったものの、省内では三流局扱いされた。

「国家の宗祀」とされた神社も十分な公的支援を受けておらず、官費の支給は不十分で、神職も明治なかばまでにはほとんど官吏ではなくなってしまった。とくに府県社以下の諸社にたいしては、国家の保護はほとんどなきに等しい状態だった。

そもそも国家神道ということばも、戦前ほとんど使われていなかった。これは、大東亜戦争の敗戦後、GHQが発した神道指令によって広まったものだった。

とはいえ、それは神話の影響力が小さかったことを意味しない。当時の休日が、宮中祭祀と分かちがたく結びついていただけではない。これまでみてきたように、神功皇后をうたった軍歌やヤマトタケルとの比較は、民間から率先して出されてきた。

プロパガンダの研究でも、「上からの統制」だけではなく「下からの参加」にも注目しなければならないといわれている。プロパガンダは、民衆を教化・煽動したい政府や軍部が発するだけでは十分な効果を発揮できない。かならずそこに便乗する企業や、軍国美談を消費しようとする民衆の自発性を必要とする。

いいかえれば、プロパガンダは足し算ではなく掛け算であって、ひとびとがもともともっている欲望を倍加させることはできても、火のないところに煙を立てることはむずかしい。

神話についても同じことが言えるのではないか。政府、軍部、企業、民衆。さまざまなプレイヤーが複雑に絡み合いながら、神話が進んで消費され、ときに国威発揚や戦意高揚に結びついてきた。ゆえにこそ、警戒すべきなのである。本書でカルチャーのひとつとして軍歌を盛んに引用した理由もここにある。

にぎやかな靖国と厳粛な靖国

これまで述べてきた靖国自体も、「下からの参加」がみられた空間だった。創建されたばかりの靖国神社は知名度もなく、ひともまばらだった。それが、日清戦争や日露戦争で戦没者が増えたことで注目が集まり、徐々ににぎやかな場所に変わっていった。

文筆家の坪内祐三は、『靖国』でその様子を詳述している。

> 靖国神社（招魂社）の境内では早くも明治四（引用者註、一八七一）年十月にフランスのスリエ曲馬団が興行している。（中略）サーカスが靖国神社の境内に再び登場するのは、明治二十（引用者註、一八八七）年一月十五日から二月五日にかけてのイタリアのチャリネ曲馬団来日興行だった。そして明治三、四十年代に入ると、サーカスは、日本チャリネや大竹娘曲馬団などの日本人一座によって、靖国神社の例大祭

の名物となってゆく。

驚くべきことに、靖国神社の境内ではかつてはサーカスが名物だったのだ。それが厳粛な空間となるのは、一九三〇年代後半、日中戦争の長期化により戦死者が急増してからだった。

これに限らず、戦前のイメージは一九三〇年代後半以降の総力戦体制下に引きずられていることが多い。だが、戦前も七七年あった以上、多種多様だったことも忘れてはならない。

靖国神社で毎年七月に催される「みたままつり」は戦後にはじまったものではあるけれども、往時のにぎやかさをほうふつとさせるものがある。大小三万もの献灯が光り輝き、浴衣姿の男女で溢れかえって、あちこちで自撮りが行われている。二〇一〇年代後半の一時期、ナンパが横行して屋台が中止されたことまであった。

にぎやかな靖国と厳粛な靖国。どちらを本体と考えるかは一概にはいえないものの、八月一五日の終戦記念日に行われている軍服コスプレ集団による行進も、あるいは先祖返りの一面もあるかもしれない。

「神社参拝」は軍国主義的なのか？

こうした「下からの参加」の痕跡はあちこちに残っている。神社の境内に立つ忠魂碑や顕彰碑のたぐいがそうだ。それ以外にも、社号標が著名な文化人の揮毫だったり、鳥居が町内会の献納だったりする。最後に、それに関係する最近のできごとに触れておきたい。

二〇二三（令和五）年の元旦、立憲民主党の泉健太代表が、東京の乃木神社に参拝したとツイッターで公表したところ、左派系のアカウントから批判が殺到した。戦前の軍国主義を象徴する乃木を崇めるのは、日本国憲法に立脚しようとする、リベラル政党の代表としていかがなものかというわけだ。

さきほども述べたように、乃木希典は明治天皇に殉死した陸軍軍人であり、忠君愛国のシンボルだった。そのような古めかしい存在に違和感を覚えるひとも多いだろう。とはいえ、ただ乃木神社を参拝しただけで、祭神を礼賛したわけでもないのに、戦前回帰を望む軍国主義者のようなレッテル張りをするのはいただけない。

というのも、こんなことをやりだすと、今後あらゆる政治家のブログなどをさかのぼって、その初詣をやり玉にあげるという不毛な流れになりかねないからである。

たとえば、日本共産党の小池晃書記局長は過去に、東京品川の鹿嶋神社への参拝を公表している。その祭神はタケミカズチだ。つまり、アマテラスの意を受けて、オオクニヌシに国譲りを迫った武神である。これも国体思想の賛美で、平和主義に反すると責めるのだろうか。

また、筆者が同社におもむいて調べたところ、社号標は皇紀二六〇〇年に立てられたもので、ジャーナリストで歴史家の徳富蘇峰が揮毫していた。蘇峰は戦時中、大日本言論報国会や日本文学報国会の会長を兼ねた。これも軍国主義的だと叩くのだろうか。

これまでみてきたように、神社は戦前と深く関わっている。そしてそこに立つ記念碑や顕彰碑は数しれない。そんなものをいちいち精査しはじめると、ほとんどどこの神社にも参拝できなくなってしまう。

歴史はわれわれの日常に複雑に絡み合っているのであって、まるで外科手術で癌細胞を取り除くように、都合よく切り離せるものではない。多少、不愉快で同意できないものがあったとしても、適度に妥協しながら付き合っていくことが求められる。

本書の解説も、そのような適切な付き合いに資すればと考えている。一部分だけ切り出して、「戦前、戦前」と騒いでも意味がない。問題なのは、祖先より代々という物語でわれわれを戦争に駆り立てることなのである。

第四章　天皇は万国の大君である

——天地開闢から世界征服へ

超国家主義と日本神話

これまで明治維新から日清・日露戦争まで、おおよそ近代史の流れをたどりながら、関係する日本神話を取り上げてきた。ここで時系列にもとづき整理しておこう。

あらためて繰り返せば、日本の神話は三層構造になっている。天上の高天原、地上の中つ国、そして地下の黄泉の国だ。そして高天原の神々(天つ神)のリーダーがアマテラスであり、中つ国の神々(国つ神)のリーダーがオオクニヌシである。

ところがある日、アマテラスは中つ国も自分たちが統治するべきだと考えて、オオクニヌシにその支配権の譲渡を迫った。オオクニヌシはその要求に折れて、幽界に隠居した(国譲り)。

その結果、アマテラスは、孫のニニギを中つ国の支配者として送り込むことにした。そのときに与えたのが、八咫鏡、草薙剣、八尺瓊勾玉の三種の神器と、「天壌無窮の神勅」「宝鏡奉斎の神勅」「斎庭稲穂の神勅」の三大神勅だった。こうしてニニギは、高天原より中つ国に降り立った(天孫降臨)。

ニニギの子孫は南九州を拠点として中つ国を統治した。そしてその曽孫として生まれたのが、イワレヒコだった。イワレヒコは、より国の中心に近い大和に拠点を移そうと決意して、船団を率いて瀬戸内海を東進、やがて橿原宮で神武天皇に即位した（神武東征）。なお明治時代になって即位の日は、紀元前六六〇年二月一一日のことと定められた。

またその即位する直前、イワレヒコは橿原に都を造営する詔を発した。その一節に「六合《くにのうち》を兼ねて都を開き、八紘を掩ひて宇とせむ」があり、これがのちに「八紘一宇」というスローガンの元ネタとなった。

その後、第一二代景行天皇の子として生まれたのが、ヤマトタケルだった。ヤマトタケルは天皇の命を受けて東西に奔走して、荒ぶる神々や民を服属させていったが、その帰路、伊吹山の神の討伐に失敗して伊勢国で病没した。

そして第一四代仲哀天皇もまた、熊襲を倒すために九州に遠征していたが、その途上、神託を信じなかったために亡くなった。そこで、その后であった神功皇后が政治を執り、さらに朝鮮にみずから乗り込んで新羅・百済・高句麗の三国を服属させた（三韓征伐）。

本書で取り上げなかったエピソードもあるものの、おおよそ日本神話の流れがこれでたどれている。

ところが、日本神話は国譲り以前のエピソードがいくつも存在する。そこでは、どのように世界ができたのか、そしてどうしてアマテラスが高天原を主宰し、オオクニヌシが中つ国を主宰するにいたったのかなどが語られている。

そしてじつはこのような部分こそが、近代になってオカルティックな思想や超国家主義的な主張の根拠となり、世界は日本のものだという奇想天外な妄想を生み出すことになるのである。

国学者・平田篤胤の世界観

いや、その兆候はすでに江戸時代の国学のなかに存在した。

国学は、儒教や仏教に影響されるまえの、日本固有の文化や思想を探ろうとする学問である。江戸中期に興り、一八世紀に活躍した本居宣長《もとおりのりなが》によって大成された。

幕末の萩で松下村塾を開き、伊藤博文や山県有朋、高杉晋作などの志士を育てた吉田松陰が「本居学と水戸学とは（中略）尊攘の二字はいづれも同じ」と述べているように、国学と後期水戸学は尊王攘夷思想を鼓吹した点でよく似ている。

だが、根本的な部分ではかならずしも相性はよくなかった。後期水戸学はあくまで中国の思想をベースにしているため、国学からすれば中国かぶれ（漢意《からごころ》）だったし、国学は日本の神話をそのまま信じているため、後期水戸学からすればトンデモ（怪力乱神《かいりょくらんしん》を語る）だった。

両者の違いは、それぞれの思想にもとづいて政治論を展開したとき、より明らかになる。

本居宣長を師と仰ぎ、一九世紀前半に活躍した国学者の平田篤胤《ひらたあつたね》の思想をみてみよう。平田は、その主著のひとつ『霊の真柱《たまのみはしら》』のなかで、日本は「万国の祖国」であり、天皇は「万国の大君」なのだから、いずれ世界中の国々の指導者は、日本の天皇に臣従するだろうと楽しげに予想している。

終《つい》には理の如く、千万国の夷狄《えみし》の酋長《かしら》ども、残らず臣《みやつこ》と称して、い這《は》ひをろがみ帰命《まつろい》奉り、百八十船の棹梶干さず、満つらなめて貢物《みつぎもの》献り、畏み仕へ奉るべき理明らかなるものぞ。あなあはれ、楽しきかも、歓ばしきかも。

『霊の真柱』は、日本の神話にもとづき、世界の成り立ちから魂の行く末までを説明した宇宙論的な著作である。仏教では死後の世界を語ってくれるのに、神道は語ってくれない。そのような批判に応じて、一八一三（文化一〇）年に刊行された。

そのため、全編にわたってさきほどのような妄想を書き連ねてあるわけではない。ただ、その立ち位置から、どうしても日本中心主義に陥らざるをえない構造になっている。

死後の世界への不安を解消するためには、宗教的な世界観を受け入れなければいけない。『霊の真柱』のばあい、その宗教的な世界観とは記紀神話がベースだった。しかるに、記紀神話は当然ながら、日本の神々が主人公であり、かれらが世界をつくり、死後の世界も司っていることになっている。それをそのまま受け入れると、諸外国は枝葉の扱いにならざるをえない。

すでに本居のなかにみえる発想だが、平田はそれをさらに過激化させている。かれは、『旧約聖書』にみえるアダムとエバの神話さえ、日本神話が誤って伝わったものにすぎないと述べるのだ。

　これにつけて思ふに、遥か西の極なる国々の古き伝《つたえ》に、世の初発《はじめ》、天神《あまつかみ》既に天地を造り了りて後に、土塊を二つ丸めて、これを男女の神と化し、その男神の名を安《あ》太牟《だむ》といひ、女神の名を延波《えば》といへるが、此二人の神して、国土を生めりといふ説の存るは、全く、皇国《みくに》の古伝の訛《よこなまり》と聞こえたり。

江戸時代ともなると、このように世界の思想や宗教が入ってきている。それにたいして、日本の神話だけで世界の成り立ちや魂のゆくえを説明しようとしたところに、平田の無理があったといえよう。

平田はこれ以外にも、古代日本には漢字以前に文字が使われていたと主張していた。中国に文字を習ったのは、プライドが許さなかったのだろう。一八一九（文政二）年には、『神字日文伝《かむなひふみのつたえ》』を刊行して、みずから収集したとされる「神代文字」を紹介した。

皮肉なのはその文字がどうしても、一四四六（文安三）年に李氏朝鮮でつくられたハングル（訓民正音）にしかみえないということである。

「東京」の名付け親・佐藤信淵

このような平田の無理は、しかし、弟子の佐藤信淵《さとうのぶひろ》によっていっそう深められた。

佐藤信淵は、平田とほぼ同世代の思想家である。諸国を遊歴してさまざまな学問を習うなかで、平田からも国学を学んだ。現代でいえば万物に言及する「知の巨人」タイプで、その著作の幅広さから経世家とも農政家ともいわれる。

そんな佐藤信淵は、一八二三（文政六）年に成立した著書『宇内混同秘策《うだいこんどうひさく》』のなかで、独自の日本列島改造論をぶち上げている。すなわち、江戸を東京と改称して首都とし、浪華（大坂）を西京と改称して別都とし、全国を一四の省に再編成せよ、と。

あまり知られていないが、じつは東京の名付け親はこの佐藤なのである。

列島改造論は現在の道州制みたいなものなのでまあいいとして、問題は、それをなんのためにするのかということだ。佐藤の答えは、なんと世界征服だった。そしてその根拠もまた日本神話に求められた。

『宇内混同秘策』は、いきなりつぎの一文からはじまる。

> 皇大御国は大地の最初に成れる国にして世界万国の根本なり。故に能く其根本を経緯するときは、則ち全世界悉く郡県と為すべく、万国の君長皆臣僕と為すべし。

日本は世界の最初にできた国であり、世界の根本である。その経緯にかんがみれば、日本は世界をみずからの一地方とするべきであり、万国の指導者もみな臣従させるべきだ——。

平田の国学に影響を受けたのは明確だが、佐藤のばあい、そのプランがきわめて具体的だった。

佐藤信淵の世界征服プラン

佐藤は、まず中国（支那、当時は清）を攻めよという。中国は強大な国だから、ここを征服できれば、残る西域、シャム、インドなどは取るに足りない。

では、中国はどこから切り取るか。満洲しかない。満洲は日本からは海路ですぐに行けるが、中国からは陸路で悪路を越えなければならない。攻めやすく守りにくく、日本にとって都合がいい。

そしてその満洲の「土人」は、交易で日本の美食と美酒を送り、懐柔するのだという。

彼等これまで艸根木皮を食とせしを、此に代るに皇国の糧米を以てし、馬湩《ばとう》を飲て宴楽せしを、此に代るに醇良の美酒を以てせば、誰か歓喜して心服せざる者あらんや。三年を過ずして四方風動せん。

このように満洲人が日本に帰順すれば、中国はあわてて日本との交易を禁ずるだろう。しかし、そんなことをすれば、ひとびとから文化的な飲食を奪うことになるのだから、人道に反している。日本はそのような行為を許さないという大義名分が得られる。そしてそこから、日本は中国への出兵を開始する。

すなわち、満洲、中国本土沿岸、台湾などに同時多発的に攻撃をしかけて、中国軍を四方八方で疲弊させる。日本は海上から好きに攻め込めるが、中国はそうではない。やがて中国が困窮したところで、最後の攻勢をかける。すなわち、天皇の親征を行って、南京を占領して、そこを仮の皇居とするのである。

そして満洲・中国で善政を敷けば、民衆は日本に帰順するだろう。これを順次、ほかの国で行っていけば、世界は日本の支配下となることまちがいなしだろう――。

以上が佐藤の世界征服プランである。近代日本の大陸進出をほうふつとさせる部分もあるが、あまりに思い込みが激しく、まるでできの悪い仮想戦記を読んでいるようで、根本的に荒唐無稽といわざるをえない。

ただその背景には、日本神話でもって世界を語るという国学の営みがあったわけだ。

天地開闢とイザナキ・イザナミ

もちろん、『古事記』や『日本書紀』にこのような誇大妄想がそのまま書かれているわけではない。例によって、都合のいい部分をとりだして、自分流に解釈した結果生まれたものにすぎない。

では、そもそも国譲り以前の日本神話はどのようなものだったのだろうか。ここでは、(1)天地開闢《かいびゃく》とイザナキ・イザナミ、(2)アマテラスとスサノオ、(3)オオクニヌシの国土経営、の三つのパートにわけてまとめてみよう。

なお国学では、『日本書紀』より『古事記』を重んじるので、ここでは後者の記述をベースとしたい。

『古事記』ではまず、世界のはじまり（天地開闢）に、アメノミナカヌシ（天之御中主神）、タカミムスヒ（高御産巣日神）、カミムスヒ（神産巣日神）などの神々がおのずからつぎつぎに生まれ出たとする。

「むすひ」（産霊）とは、ものごとの生産・生成をつかさどる霊妙な力をいう。タカミムスヒは第二章で触れたように、ニニギの祖父にあたる。

そしてこのような生成の最後に、イザナキ（伊邪那岐命）とイザナミ（伊邪那美命）という男女の神々が生まれる。この二柱の神は、男女の交わりをして、つぎつぎに国土と神々を生み出していく（国生み、神生み）。

ここで神話はグッと現実的になる。もっとわかりやすくいえば、エロティックになる。イザナキがイザナミに国生みを持ちかけたときの会話はこうだ。

「汝が身は如何にか成れる」

「吾が身は成り成りて、成り合はざる処一処あり」

「我が身は成り成りて、成り余れる処一処あり。かれ、この吾が身の成り余れる処をもちて、汝が身の成り合はざる処にさし塞ぎて、国土を生み成さむとおもふ。生むこといかに」

「然善けむ」

こうしてまず、淡路島、四国、隠岐島、九州、壱岐島、対馬、佐渡ケ島、本州の八島が生み出された。日本の美称、大八洲はこれに由来する。

その後、イザナキ・イザナミは神々を生んでいくが、火の神を生んだとき、イザナミは陰部にやけどを負って死んでしまった。

イザナキはそれを嘆き悲しみ、死者のいる黄泉の国に向かった。ところが、イザナミはすでに黄泉の国の食べ物を食べ、身体に蛆《うじ》がたかるなど醜悪な姿になっていた。驚いたイザナキは、慌ててその場を立ち去った。

怒ったイザナミは黄泉の国の入り口である黄泉平坂で、「汝の国の人草、一日に千頭絞め殺さむ」と言った。これにイザナキは「吾一日に千五百の産屋立てむ」と返した。これにより、ひとびとの生死と人口増加が理由づけられた。

地上に戻ってきたイザナキは、黄泉の国に行ったケガレを払うために、筑紫の日向の橘の小戸の阿波岐原《あわきはら》というところで禊 祓《みそぎはらえ》を行った。

今日、神社でお祓いをしてもらうと、神主が祝詞をとなえてくれる。そのひとつ祓詞の冒頭部分「掛けまくも畏き　伊邪那岐大神　筑紫の日向の橘の小戸の阿波岐原に　禊ぎ祓へ給ひし時に　生り坐せる祓戸《はらえど》の大神等……」は、このイザナキの禊祓のことを踏まえている。

アマテラスとスサノオ

そしてこのイザナキの禊祓のとき、またさまざまな神々が生まれるが、最後にとくに尊い三柱の神々が生まれた。

すなわち、左目を洗ったときに生まれたアマテラス、右目を洗ったときに生まれたツクヨミ（月読命）、そして鼻を洗ったときに生まれたスサノオ（建速須佐之男命）である。

イザナキはこの三柱の神々の誕生を喜び、アマテラスには高天原を、ツクヨミには夜の世界を、スサノオには海原を、それぞれ統治するように委任した。

ここから、日本の神話はアマテラスとスサノオという姉弟が主人公になって展開していく。

さてスサノオは、海原を任せられたにもかかわらず、その言いつけを守らず、「母（イザナミ）に会いたい」と泣きわめき、イザナキの怒りを買って追放されてしまう。そのためスサノオは、地下の世界に下ろうとするが、そのまえにアマテラスのもとへ挨拶に向かった。

ところがこんどはそこでアマテラスより、「高天原を奪いにきたのでは」と疑われる。そこでスサノオは誓約《うけい》を持ちかけた。それぞれ相手の持ち物を使ってこどもをつくり、その性別でわが身の潔白を証明しようという提案だった。ふたりとも神々なのにややふしぎだが、一種の神明裁判である。

その結果、アマテラスの持ち物（玉）より五柱の男神（アマテラスの子）が生まれ、スサノオの持ち物（剣）より三柱の女神（スサノオの子）が生まれた。前者のうちのひとりがオシホミミ、つまり天孫降臨するニニギの父だった。

スサノオは、これで自分の潔白が証明されたと宣言。田の畦を壊したり、神殿で脱糞したりして、高天原を荒らし回った。アマテラスはそれに恐れおののいて、天の岩屋（洞穴）に入って戸を閉じてしまった。太陽神である彼女が引きこもったことで、世界は暗黒に包まれた。

これを受けて、神々が集まって善後策を協議した。そんななか、アメノウズメ（天宇受売命）という女神が神がかりになり、服がはだけて胸や陰部が丸出しになるのもかまわず、踊り狂った。居合わせた神々はこれをみて大笑いした。

アマテラスがその様子が気になって天の岩戸より身を乗り出したところ、タヂカラオ（天手力男神）によって引きずり出された。これで世界に光が戻った。そして混乱の原因をつくったスサノオは、高天原から追放された。スサノオはまことに荒ぶる神だった。

ちなみにこのアメノウズメは、安倍昭恵がかつて神田で経営していた居酒屋「ＵＺＵ」の語源であり、新海誠監督の映画『すずめの戸締まり』の主人公・岩戸鈴芽の名前の由来でもある。

オオクニヌシの国土経営

地上に追放されたスサノオは、出雲国で嘆き悲しむ老夫婦に会う。聞くと、ヤマタノオロチ（八岐大蛇）という大蛇に娘を七人も食べられてしまったという。そこでスサノオは濃い酒をつくらせ、大蛇が酒を飲んで酔っ払っているすきに、これを斬り殺した。そのとき、大蛇の尻尾より立派な太刀が出てきたので、アマテラスに献上した。これが草薙剣である。

草薙剣は、やがて天孫降臨に際してアマテラスよりニニギに渡され、のちに伊勢神宮斎宮のヤマトヒメよりヤマトタケルに渡され、その危難を救うことになる。

スサノオは地下の世界に下るまえ、老夫婦に残された最後の娘、クシナダヒメ（櫛名田比売）と結婚し、こどもをもうけた。そしてその六世孫にあたるのがオオナムジ（大穴牟遅神）、のちのオオクニヌシだった。

オオナムジははじめ、兄弟の神々に迫害される弱々しい神だった。だが、地下の世界に下ってスサノオと会い、その試練の数々に耐え抜いたことで急成長。スサノオよりオオクニヌシという名前をもらって帰還し、兄弟の神々を追い払った。

こうして国つ神のリーダーとなったオオクニヌシは、カミムスヒの子であるスクナヒコナ（少名毘古那神）などと協力しながら、国土経営を行った。スサノオからオオクニヌシまでの神話は、怪物退治といい、修行でパワーアップといい、まるで少年漫画のようだ。

そしてここから国譲り神話につながっていくのは、さきに述べたとおりである。

戦後に共有されていた日本神話の教養

このような神話は、昭和戦後期の日本人の多くがなんとなく知っているものだった。「神武景気」「岩戸景気」「いざなぎ景気」ということばを聞いたことがあるだろうか。戦後日本の好景気を表現したものだけれども、いずれも日本の神話に由来している。

一九五〇年代なかば、戦後日本は本格的な好景気を迎えた。約三〇ヵ月続いたそれは、神武天皇の建国以来例がないほど活況を呈したということで、神武景気と名付けられた。ところが、一九五〇年代後半になると、それを上回る約四〇ヵ月の好景気がやってきた。そこで今度は神話をさかのぼり、岩戸景気と名付けられた。天の岩戸開き以来の好景気という意味だ。

さらに、一九六五（昭和四〇）年より、約六〇ヵ月という特大級の好景気がやってくると、こんどはいざなぎ景気と名付けられた。もちろん、イザナキが活躍して以来のできごとという意味だ。

このようなネーミングは、ひとびとが日本神話の流れをざっくり把握していなければ成り立たない。

また神武景気では、白黒テレビ・電気洗濯機・電気冷蔵庫が三種の神器と呼ばれてブームとなった。そしていざなぎ景気では、カラーテレビ・クーラー・自家用車（カー）の3Cが新・三種の神器と呼ばれた。

いうまでもなく、三種の神器は皇位のしるしとして天皇家に伝承されている宝物である。戦前ならば検閲に引っかかりかねないたとえだが、それだけ戦前の教育で、ひとびとに皇室の祭祀にかんする情報が行き渡ったことも意味している。明治維新の当時ならば、通用しなかった比喩ではないか。

以上は高度経済成長時代のことだが、じつは二〇〇〇年代にも、約七〇ヵ月にわたって景気の上昇局面があった。これを「いざなみ景気」と呼ぶ向きもあるがまったく定着していない。

生活実感をともなわなかったことが一番の理由だろうが、もはやわれわれが神話の知識を共有していないことも関係しているだろう。

そもそもイザナミはイザナキのあとに誕生しており、順序としても間違っている。本来であれば、「開闢景気」とか「むすひ景気」とかにしなければならない。こういうところも、神話の教養が失われていることを思わせる。

牧歌的な日本神話から世界征服へ

それにしても、さきほど紹介したとおり、日本の神話はまことに牧歌的なものだった。それがどうして、世界征服などという大それたことを主張する根拠とされてしまったのだろうか。

平田篤胤はまず、イザナキがスサノオに海原の統治を任せたときに発したとされることば「青海原《あおうなばら》潮の八百重《やおえ》を知らせ」を引用する。

平田はこれをつぎのように解釈する。

この「青海原」は、ただ海を意味するだけではない。「潮の八百重」を添えられているように、幾重にも重なる波が極まるところ、すなわち全地上を意味する。ようするにイザナキは、スサノオに地上を任せたのであり、アマテラスに天上を任せたのと対応している。もっとも、その地上の統治は、スサノオが地下の世界に下ったために果たされなかった。その役割を引き継ぐべきは、スサノオとアマテラスの誓約で生まれた、オシホミミしかいない。

だからこそアマテラスは、国譲りにさきだって、「豊葦原《とよあしはら》の千秋長五百秋の水穂の国は、我が御子《みこ》正勝吾勝勝速日天忍穂耳命《まさかつあかつかちはやひあめのおしほみみのみこと》の知らす国なり」と述べたのだ。「豊葦原の千秋長五百秋の水穂の国」は通常、日本列島を意味するけれども、ここでは都がある場所を代表的に述べただけであって、実際は全世界を意味している。

つまり、アマテラスのことばを言い換えれば、「世界は我が子オシホミミの統治するところである」。そしてその使命は、オシホミミの子ニニギとその子孫たち（歴代天皇）に引き継がれた——。

以上の論理展開から、平田は天皇が世界中の国々を統治する理屈はいよいよ明らかだと結論づける。

然れば大御神の御言に、「豊葦原の水穂国」とのみ詔たまへるはその都し坐します地を以て宣たまへるにこそあれ、実は速須佐之男命に、「青海原潮の八百重を知らせ」と、伊邪那岐命の依《よさ》したまへる御言もこもりて、畏しなど申すもさらなる大御詔にぞありける。此を思ふにも、我が天皇命《すめらみこと》はしも、産霊《むすび》大神・天照大御神の御孫に坐すが上に、かゝる御謂の坐すなれば、青海原潮の八百重の留まる限り、この国土に有りとある百八十の国々を、悉に所知看《しろしめ》すべき大君に坐しますこと、弥々益々灼然《いちじる》し。

これまで述べたように、ニニギはアマテラスを父方の祖母、タカミムスヒを母方の祖父とする。そのため「産霊大神」とは、ここではタカミムスヒのことを指す。

結論ありきの神話解釈だった?

つぎに平田は、オオクニヌシの国土経営に着目する。

さきほどオオクニヌシを手助けした神として、スクナヒコナの名前をあげた。この神は国土経営に参画したのち、「常世国」に去ったと記されている。

平田は、私淑する本居宣長の解釈を引きながら、この常世国は「底依国」であり、地球の頂点に存在する日本以外の、底のほうに寄った国々すべてを指すと解釈する。そしてスクナヒコナは日本と同じく、外国でも国土つくりを行ったとするのだ。

それだけではない。平田は、オオクニヌシも国譲りのあと、隠居したのではなく「常世国」にわたったととらえる。その根拠は、国譲りのときに発した「僕は百足らず八十《やそ》坰手《くまで》に隠りて侍らむ」ということばだった。

平田はこの「八十坰手」もまた「常世国」のことであり、「隠りて侍らむ」も遥か遠くに隠れていても、命令があればいつでも仕えるつもりという意味だとする。
つまり、オオクニヌシは遠くに去っても日本に仕える覚悟だと述べたのであり、そしてそのオオクニヌシとスクナヒコナによって外国はつくられたのだから、外国は日本に仕えるべき存在だとするのである。

見よ〳〵、今はなほ外国々の酋長ども、王《こにきし》がほにうしはき居れども、上の件の謂もありて、大名持・少御神（引用者註、オオクニヌシとスクナヒコナ）の、その国々を、皇国によりて仕へ奉らしめむと、侍伺ひ幸ひたまふなれば、終には理の如く、千万国の夷狄の酋長ども、残らず臣と称して、い這ひをろがみ帰命奉り、百八十船の棹梶干さず、満つらなめて貢物献り、畏み仕へ奉るべき理明らかなるものぞ。あなあはれ、楽しきかも、歓ばしきかも。

この箇所は、さきほどの引用の直後にあたる。そして末尾は、本章のはじめに引いた部分だ。ようするに日本は世界の支配者だという結論部分は、以上のような神話の解釈によって成り立っていたのである。
佐藤信淵も、さきの「皇大御国は大地の最初に成れる国にして世界万国の根本」云々と述べた直後で、やはり平田と同じことを述べている。

謹て神世の古典を稽《かんが》ふるに、「所知青海原潮之八百重也」とは、皇祖伊邪那岐大神の速須佐之男命に事依賜ふ所なり。然れば則ち世界万国の蒼生を安ずるは、最初より皇国に主たる者の要務たることを知る。

もっとも、平田も佐藤も、古典を尊重するようで、じつは決定的に無視している。そもそもかれらが大事にする『古事記』では、スサノオはイザナキよりただ「汝命は海原を知らせ」としか言われていない。

では、両名が世界支配の根拠とする「青海原潮の八百重を知らせ」なる文言はどこから持ってきたのか。探していくと、『日本書紀』の一書にたどりつく。ところがそこでは、ツクヨミが「滄海原の潮の八百重を治めるべし」と言われているのであって、スサノオは「天下を治すべし」と言われているにすぎない。

結局のところ、平田も佐藤もおそらく自覚的に、『古事記』と『日本書紀』を都合よく使い分け、しかも『日本書紀』の一部の文言をツクヨミからスサノオに勝手に読み替えているのである。結論ありきの議論といわざるをえない。

4-1　秋田市の平田篤胤の奥津城《おくつき》（2019年7月撮影）

大国隆正の「天皇総帝論」

——いささか込み入った話になった。ここでなにが言いたいのかというと、江戸時代の思想家である平田篤胤や佐藤信淵は、『古事記』や『日本書紀』の記述にもとづいて、ときに大胆な解釈も交えながら、日本は世界の祖国であり、天皇は世界の大君と主張するにいたったということである。

平田・佐藤のふたりは、ともに久保田藩（現・秋田県）の出身だった（4－1、4－2）。そのため、一九三〇（昭和五）年に制定された「秋田県民歌」（倉田政嗣作詞、成田為三作曲）の三番で「篤胤信淵　巨人の訓」とうたわれることになった（現在では、三、四番はうたわれていない）。

4-2　秋田県雄勝郡羽後町の佐藤信淵生誕地碑（2022年5月撮影）

とすると、かれらは江戸時代から戦前にかけて大きな影響力を誇り、日本の対外膨張を鼓吹しつづけた大思想家だったのか。いや、まったくそうではなかった。

平田の弟子筋にあたる国学者たち（平田派）は、明治の早い段階で政治の表舞台から放逐されて影響力を失ったし、そもそも佐藤はそれほど有名な存在ではなかった。

佐藤の思想は、昭和戦前期の対外的に日本が膨張する時代に、遡行的に「発見」されたのであり、それが戦後になって逆に一貫した侵略思想の根拠であるかのように批判されたにすぎない。

同じことは、幕末に活躍した国学者・大国《おおくに》隆正《たかまさ》の「天皇総帝論」にもあてはまる。大国は、森鷗外や西周を輩出した津和野藩出身で、王政復古の大号令に「神武創業」を加えた玉松操や、維新後に神道国教化を推進した福羽美静（第三章で引用した「我国旗」の作詞者）の師にあたる（いわゆる津和野派）。荷田春満《かだのあずままろ》、賀茂真淵《かものまぶち》、本居宣長、平田篤胤の四人を「国学の四大人」と整理したのも、じつはこの人物だった。

その大国によれば、世界には、帝爵、王爵、侯爵の国などさまざまなランクの国があるものの、「宝祚無窮の神勅」のまま皇位を継承している日本だけが「大帝爵の国体」を備えているのだという。つまり、帝国のなかの帝国だ。そのため、天皇は他国の皇帝や国王などに超越する「世界の総王」なのだと説かれる。

> わが日本国の人、異国の人にあひたらんには、「わが日本国は、つねの帝爵の国とたがひ、いまひときざみ尊き国なれば、おのづから大帝爵の国体をそなへてあるなり。いまよりのち、西洋にて国の位を定むるとき、別に大帝爵のくにをたてゝ、日本国をその位におき、その他の帝爵の国王ども、わが　天皇を世界の総王として貢をいれ臣と称して、わが　朝廷の官爵をうけよ」と、いひさとすべきことになん。
>
> （『本学挙要』）

一八六八（慶応四）年八月、明治天皇が即位式を執り行うとき、京都の紫宸殿《ししんでん》に徳川斉昭より献上された地球儀がおかれた。これについても、「天皇総帝論」を踏まえたもの（天皇は日本のみならず地球全体に臨む存在である）だともいわれる。

とはいえ、この大国もまた一般に広く知られた存在ではなく、戦時下に全集が出されて広く知られるようになったにすぎない。津和野派も最終的には明治政府にたいする影響力を失ってしまった。

そもそも「天皇総帝論」自体、けっして対外膨張を主張したわけではなく、今日では幕府擁護の文脈で出されたものといわれる（将軍が外国の皇帝らと対等に交渉するからこそ、総帝たる天皇は一段高いところにいられる。もし幕府がなくなり、天皇の政府が成立すると、日本は他国と変わらなくなってしまう）。

そうは言っても、平田、佐藤、大国らの主張を軽んじていいわけではない。日本にはこれまで、『古事記』『日本書紀』を用いて雄図を描いた人間がいたということが大事なのである。そしてその物語を知っておくことで、今日似たようなものが出てきたとしても「また同じものか」とそれに騙されなくなる。いわばワクチンとして超国家主義的な思想に触れておく必要があるのだ。

「キムタカ」のオカルティックな世界観

その意味では、近代以降、やはり民間で登場したオカルティックな世界観も紹介しておくにしくはない。

一九一一（明治四四）年、すなわち韓国併合の一年後から翌年にかけて、シンボリックな著作が出た。『世界的研究に基づける日本太古史』上下巻。復刻版で上巻七五四ページ、下巻九七二ページにもなる大著である。

著者は、評論家の木村鷹太郎《きむらたかたろう》。一八七〇（明治三）年、愛媛県宇和島町生まれ。明治学院を経て、帝国大学文科大学哲学選科を卒業し、イギリスの詩人バイロンを日本にはじめて紹介し、ギリシャの哲学者プラトンの全集を個人で日本初翻訳した偉業で知られる。そのいっぽうで論争好きな性格で、論壇ではキムタカと呼ばれて恐れられた存在だった。

そんな才子の木村はある日、「気づいて」しまった。日本の神話と西洋の神話があまりに似ているということに――。これはいったいなぜなのか。木村は考えをめぐらせた挙げ句、とんでもない結論にたどりついた。

もともと日本は泰西（ヨーロッパ）に存在しており、日本人もギリシャ・ローマ系だった。その支配領域は、ヨーロッパのみならず、アフリカ、中東、インド、タイなどにも及んでいた。現在の日本は、それが縮小コピーされたものにすぎない――。

そんな馬鹿な。しかし、木村はこの驚くべき着想にもとづいて、前述の本を刊行する。これによれば、『古事記』『日本書紀』も、島国の神話ではなく、世界大の神話として読めるのだという。

> 此に於て吾人は研究の結果として古事記、日本書紀は現日本国土の歴史に非ずとの断案を得たる者なり。（中略）而して是等は実に「天《アメ》」の地よりシリヤ、希臘《ギリシャ》、伊太利、阿弗利加《アフリカ》北岸、埃及《エジプト》、亜拉比亜《アラビア》、印度、東印度及び西蔵《チベット》方面の地理を舞台とせる『大々的日本』の歴史なり――島国小日本の歴史に非ず。（中略）
> 現在の島国日本は、前の世界大の日本地理を縮密して、現島国に移写せしに過ぎざるなり。されば現日本の本地は泰西日本にして、極東日本は其垂迹なり――『前大日本』の「コンデンス」したるものたり、又た之れが「コピー」なりと為す。

同書にしたがうと、高天原はアルメニアであり、イザナキ・イザナミの国生みで生み出されたのは地中海の島々であり、天孫降臨の地はギリシャである。

あまりに荒唐無稽だが、その根拠とされたのは、神話や地名の類似だった。ギリシャ神話には、オルフェウスが冥界におもむく話がある。これはイザナキの神話をもとにしている、というわけだ。平田篤胤も晩年、オオクニヌシは中国の伏羲《ふくぎ》氏、インドの阿修羅にあたるなどと主張していたが、それをはるかに上回る想像力の加速である。

しかも木村の推測はかなり牽強付会だった。高千穂の地名はつぎのように語られる。

> 高千穂はテッサリア南境なるオートリ山（Othrys）是れなり。此山別名をHierax《ヒエラッコス》山と謂ふ、『鷹』（*Ταχα*《タカ》）を意味し、又た『高』を意味す。此に此オートリ山と高千穂の「高」なる名称とを関係せしむるを得たり。
>
> 此山の北麓をフチオの地（Phthiotis《フチオ（チス）》）と謂ふ。今若前述「タカ」と、此「フチオ」とを連結せば如何ん。是れ「タカ・フチオ」にして「高千穂」となり得るものゝ如し。

同書には、言語の対応表が載っている。「ノリ」（法、則）がラテン語の「Norm」（ノルム）に対応するなどというのはまだしも、「ブタ」が英語の「Butter」（バター）に対応する理由は、「脂肪多きより豕をブタと云ふか」。読んでいると、だんだんと頭が痛くなってくる。冗談も休み休みいってもらいたいものだ。

「弱小国家コンプレックス」が生んだ妄想

それでも木村の想像力は飛躍しつづける。

神武天皇の東征は、九州南部から瀬戸内海を経て奈良盆地へ移動したものではなく、モロッコから地中海を経てギリシャに移動したものであり、神功皇后の三韓征伐は、朝鮮半島に攻め込んだのではなく、イタリア半島に攻め込んだものである――。

ヤマトタケルの遠征も、つぎのように荒唐無稽に解釈される。

今其地理を考ふるに埃及《エジプト》より出発してエチオピア（伊勢）を経過し、亜拉比亜《アラビア》南岸を通過して、オーマン（相摸）より、小海峡（走水）を舟して、波斯《ペルシャ》（上総）に渡り（橘姫入水の海）、其れより又た船して印度洋を航して、暹羅《シャム》（蝦夷）に至り、上陸して西蔵《チベット》東部に至り（日高見国）、南下して印度に入り（常陸）、ヒマラヤ山南を経てインドス河の上流地に至り（酒折宮）、又た波斯北部（美濃）に入り、現今のツルキスタン（尾張）より、西蔵（信濃）に入り、其れよりカスミールに至り（胆吹山）、病を得て、再びツルキスタン方面より波斯を過ぎ、亜拉比亜海岸を伝ひ、遂に亜拉比亜北部ナバ野（能褒野）に薨ず。

高天原のような架空の場所はともかく、現実の旧国名などを外国の地名にあてはめるのに無理はないのか。木村は現在の地名は「世界上の諸国を縮密して命名したるもの」、つまり世界の地名が先行しており、それを日本列島にあとから名付けたものと真逆の発想で説明する。

したがって、日本列島だけで日本神話を語るのは、このような英雄たちの偉業を矮小化する「大不敬」である。古典でも「天業」「天下」「六合」「万里」「四夷」「八方」「万国」などと書いてあるではないか。それを比喩ととらえるのではなく、そのまま理解するべきである。教育勅語にも「皇祖皇宗、国を肇むること宏遠に」と書いてある――。

同書は韓国併合の翌年より刊行がはじまった。そのような拡張も、もともとの旧領を取り戻したにすぎないと結論づけられる。

それでも疑問は残る。なぜ現実の日本はこのように極東の島々に押し込められてしまっているのか。それまで能弁だった木村は、急にことば少なになる。「余は之に答ふるには『未だ其の研空《ママ》に及ぶ能はず』との言を以ってするあるのみ」。まだ研究が進んでいないというのだ。

どうも奈良時代以前は世界とつながりがあり、奈良時代・平安時代に現在のような小国になったのではないか。そう木村はここだけ自信なさげに付け足している。

かれの言説をまじめに検証しても意味がない。それまで日本列島で自給自足していたころはいいものの、それが開国でいきなり世界とつながり、日本が弱小国家にすぎないという現実を突きつけられてしまった。そのコンプレックスがこのような妄想を生み出してしまったと考えるほかない。

神武天皇以前の「空白の歴史」

もっとも、ここまで神話の原文を重んじた木村鷹太郎も、重視しなかった箇所がある。

じつは『日本書紀』には、目を疑うような記述がある。神武天皇が東征に出発するまえに、こんなことを口走っているのだ。「天祖《あまつみおや》の降跡《あまくだ》りましてより以逮《このかた》、今に一百《ももよろずとせあまり》七十《ななそよろずとせあまり》九万《ここのよろずとせあまり》二千《ふたちとせあまり》四百《よおとせあまり》七十余歳《ななそとせあまり》」。つまり、ニニギの天孫降臨より神武東征の直前までで、一七九万二四七〇年以上たっていたというのである。

一般には、ただ数字を盛っただけと考えるだろう。だが、記紀神話からなにか重大なものを読み取ろうとする人間は、想像力を掻き立てられずにはいられなかった。じつは、神武天皇のまえには「隠された歴史」があったのではないか、と。

このような想像力をめぐらしたもののなかで、もっとも有名なのは『竹内文献』である。

その内容はじつに驚くべきものだ。なんと、神武天皇のまえには、神皇二五代、ウガヤフキアエズ朝七二代、合計九七代の天皇が存在していたというのだ。それだけではない。

同文書いわく——。

神皇初代の天日豊《アメヒノム》本《ト》葦牙気《アシカムキ》皇主天皇《ミノシノスメラミコト》は、宇宙造化の神々の後胤であり、天越根《アメコシネ》国《クニ》（現在の富山県）に降臨して、万国の棟梁となり、天神《アマツカミ》 人祖《クニツカミ》 一《ハジメ》 神《タマシイ》 宮《タマヤ》という神社を創建した。

つづく歴代の天皇は、世界人類のもととなる五色人をつくり、あらゆる文化や技術を生み出し、天の鳥船なる乗り物に乗って、世界を巡幸してまわった。日の丸も、菊の御紋も、この時代につくられた。

ところが、このような偉大な世界は、天変地異によって完全に崩壊してしまった。そのあとに即位したのが神武天皇だった。われわれが知っている天皇の系譜は、じつは神倭朝と呼ぶべきものである——。

またまた頭が痛くなってくるが、このようにして『竹内文献』は、神武天皇以前の「空白の歴史」を説明するとともに、なぜ日本が現在のように小さくなったかをも説明している。

木村よりも説得的だろうか。しかし、天日豊本葦牙気皇主天皇が神代文字や万国の地図をつくった云々という記述ひとつを取ってみても、「天皇即位百億十万歳」のできごとだと書かれており、とても正気とは思えない。

蛇足ながら、われわれの科学的な知見では、地球は四六億年前にできたとされていることを念のため付け加えておく。

軍人に人気があった『竹内文献』

『竹内文献』は、古代の記録・器物をうたっているが、じっさいは近代になって創作されたものと考えられる。その中心となったのは、竹内巨麿《たけうちきよまろ》という人物だった。

竹内巨麿は、古代の伝説的忠臣である武内宿禰《たけうちのすくね》および第五九代宇多《うだ》天皇の子孫を自称し、一八九九(明治三二)年、茨城県多賀郡磯原町で天津教という神道系の新宗教を創始した宗教者である。『竹内文献』は、富山県にある竹内家の墓所より発見されたと喧伝された。

宗教のテキストに実証性を求めても仕方ないが、問題は『竹内文献』が昭和に入り、軍人たちの人気を集めたことにある。

一九二八(昭和三年)年三月、竹内が「神代文字神霊宝巻」が入った不開瓶を開封するときには、公爵の一条実孝《いちじょうさねたか》、海軍の有馬良橘《ありまりょうきつ》大将、堀内三郎中将、横山正恭少将、陸軍の筑紫熊七中将、宮内省事務官の伊藤武雄ら八名が立ち会った。半数が高級の軍人だった。

竹内巨麿が所蔵した古文書は、陸軍の参謀本部でも拝観されていたというが、どこまで本当かはわからない。ただ、当時の新聞報道でも、軍人や華族たちが磯原をぞくぞくと訪ねていたと記されているから、そこには、当時のひとびとを引きつけるものがあったのだろう。

もっとも、いかに日本を讃えているからといって、皇統を勝手に書き換えるのは「不敬」になった。そのため、天津教の関係者は、一九三〇（昭和五）年と一九三六（昭和一一）年の二度にわたって警察の取り締まりを受け、とくに後者では竹内らが不敬罪、文書偽造行使罪、詐欺罪容疑で検挙された。

このとき竹内は、『竹内文献』を靖国神社の遊就館に一時的に保管してもらっている。最終的に警察に押収されたものの、軍人に深く取り入っていたことがわかる。

結局、このような大騒ぎのすえ、竹内たちは一九四四（昭和一九）年一二月、裁判で無罪になった。大東亜戦争の戦局が著しく悪化するなかで、もはや司法当局も『竹内文献』にかまっていられなくなったのだった。

古史古伝に騙されないために

『竹内文献』のように、『古事記』『日本書紀』よりもさらに過去にさかのぼる記録と主張する文献は古史古伝と呼ばれる。

『竹内文献』にさきだってウガヤフキアエズ朝の存在を主張した『上記《うえつふみ》』や、富士山こそ高天原と主張した『富士古文書』などが存在し、現在でも根強く読みつがれている。

こんなものに騙されるものなどいるのか。そう思うかもしれない。ところが、専門的な知見をもっているはずのものですら、しばしばこの泥沼にハマってしまう。

戦後まもない時期に、靖国神社でナンバーツーの権宮司を務めていた、横井時常もそのひとりだった。

横井は、広島県護国神社の宮司を経て、一九六六（昭和四一）年、近江神宮の宮司に就任した。天智天皇を祭神として、一九四〇（昭和一五）年に創建された旧官幣大社だ。

もともと神がかりで知られた横井は、そこで独特の神道理論を展開し、「天照大神が支配する高天原こそが宇宙であり、皇統はそこから天降って始まったが、それはＵＦＯが存在したからだ」と主張。一九八一（昭和五六）年一月には、ＵＦＯとの「コンタクトマン」五五名が同神宮にあつまり、「金星に向かって『天の岩戸開きの儀』を行」ったという（毎日新聞「靖国」取材班『靖国戦後秘史』）。

『大東亜戦争肯定論』の著者として知られる評論家の林房雄《はやしふさお》も、一九七一（昭和四六）年、『神武天皇実在論』を刊行して、先述した『上記』『富士古文書』を肯定的に紹介している。

古史古伝の引力は侮りがたい。繰り返しにはなるが、いまのうちにその想像力がいかなるものなのか十分に知っておかなければならない。

4-3　福岡県柳川市の北原白秋生家・記念館（2022年4月撮影）

戦意高揚に貢献した北原白秋と山田耕筰

いささか先走ったが、記紀神話にもとづく世界征服の野望は、時代とともに徐々に表舞台にのぼっていった。

最後に、交声詩曲「大陸の黎明《しののめ》」をみてみよう。一九四一（昭和一六）年七月七日、日中戦争の勃発四周年の日に、聖戦四周年楽壇総動員大演奏会（明治神宮外苑競技場）で初演されたカンタータである。

詩を手掛けたのは北原白秋《きたはらはくしゅう》。福岡県柳川市出身の詩人で、「からたちの花」「この道」「ペチカ」などの童謡で知られる。昭和戦前期は数多くの軍歌や愛国歌をつくって、国民詩人と呼ばれていた（4－3）。

「大陸の黎明」は、既存の詩をカンタータ用に再編成したものだが、前年に神武東征をテーマにした「海道東征」（信時潔作曲）をつくるなど長らく記紀神話を題材に作品をつくってきた白秋だけによくできている。当時、このテーマでかれの右に出るものはいなかった。

そしてこれに作曲したのは、こちらも日本にクラシックを定着させた斯界の大物・山田《やまだ》耕筰《こうさく》だった。

山田は白秋とコンビを組んで、たびたび作品をつくっていた。「大陸の黎明」作曲の理由についても「この詩が未曽有の事変下に於て吾々に最も必要な皇国民としての自覚をうながす所多き点にある。即ち祖国の過去現在未来三代に亘る尊き本姿をいみじくも浮彫して吾々の眼前に顕示してくれるから」と述べている。

白秋は大東亜戦争中の一九四二（昭和一七）年一一月に亡くなるが、山田は音楽挺身隊を結成して戦意高揚に努め、国策団体である音楽文化協会の会長も担った。そのため、戦後になって戦争責任を追及されることになる。

それはともかく「大陸の黎明」は、神話を小気味よくまとめているのみならず、神話的な想像力で目下の戦争を肯定した、なかなか稀有な作品となっている。

しかしながらその表現が難解なことから、十分に知られていない。『山田耕筰の遺産10』の解説にも「戦時色は薄い」などと書かれているほどだ。だが、これまで本書を読んできてもらえれば、この作品の重大性がすぐにわかるだろう。

「大陸の黎明」のレトリック

「大陸の黎明」は全部で五楽章からなる。『白秋全集』の歌詞とは多少異なるが、ここでは歌詞カードのものを用いる。

第一楽章は、ゆっくりと荘重な合唱ではじまる。その内容はさながら日本神話の復習だ。

天地《あめつち》の闢《ひら》けしはじめ、成りませる神々、
神々を、
（讃へまつれ、いざや。）

冒頭部分が天地開闢をうたっているのは、あらためて説明を要しないだろう。白秋はこのようにたくみに漢字を使うことで、どの神話のエピソードであるかを詩的に表現している。

その後も、アマテラス、天孫降臨、そして神武天皇へと神話が進んでいく。「天津日嗣《あまつひつぎ》」

とは、アマテラスの神勅にもとづき代々中つ国に君臨する皇位（宝祚）をいう。

天照らす大御神、皇祖《すめらみおや》、
皇祖かくぞ、
（讃へまつれ、いざや。）

言依さす中つ国、大八洲この国土
（讃へまつれ、いざや。）

天壌と窮みなき、天津日嗣、ここに、
（讃へまつれ、いざや。）

げに宇《いえ》とおほひます八紘《あめのした》、陸《くが》を、海を。
（讃へまつれ、いざや。）

ここまではよくある神話讃歌にすぎない。

だが、第二楽章から様子がおかしくなってくる。あたかも嵐の前の静けさを思わせるように、ゆっくりと音楽が流れる。

種子《たね》ありき、神産《かみむす》び玉と凝るもの、
かく在りき、在りて生き、香は蘊《つつ》みぬ。

種子は生成のもとである。それが生成の力である「むすひ」によってかたちになったとする。

ここまではいい。問題はその種子が、日本神話にまったく出てこない、大陸やモンゴルということばに接続されるところだ。

土なるや、大き陸蒙古《くがもんごる》の底ひふかく、
隠《こも》らひぬ、鉱《あらがね》と巌との隙埋もれ。

時ありき、日も知らず、星も別かず、
ただ在りき、かく在りて千五百万《ちいおよろず》の歳。

世々ありき、人は興り、地に満ち満ちき。
国興り、将《は》た滅び、また代々ありき。
霾《つちふ》るや、黄なる沙、嵐と哮《たけ》び、
漲るや、洪《おお》き水、天傾ぶけぬ。

なほ在りき、生きの芽の命薫すと、
俟《ま》つありき、つひに来むそが黎明。

つまり、その種子なるものが中国大陸の奥深くに埋まっており、長いあいだ、芽吹いていないというのだ。地上で治乱興亡があっても、天変地異が起こっても、それは変わらない。この種子は芽吹かず、ずっと待っている——。

では、なにを待っているのか。それは日本軍なのだと、まさかの第三楽章に流れ込む。

日本軍の進撃と「天皇の御業」

ここから一気に雄々しく、軍歌調になる。テンポ・ディ・マルチア。まさに行進曲のテンポだ。

海を越え、空を蔽ひ、とどろ来るもの、
地響や、音爆ぜて翼搏《う》つもの。

誰ならず、日の御裔《みすえ》、久米大伴が後、
神々の我が跫音《あのと》、大御軍《おおみいくさ》。

軍艦や飛行機が音けたたましくやってきた。それは、久米氏と大伴氏という古代軍事氏族の末裔である日本軍である。

前章で述べたように、大伴氏の祖先はニニギの天孫降臨に付き従ったアメノオシヒという神だ。そして久米氏の祖神もこのとき、同じくニニギに付き従ったとされる。したがって、その後継である日本軍の足音も、神々の足音に等しいとうたわれる。

そしてこの日本軍がきたことにより、中国大陸に埋まっていた種子はついに芽吹くという。

俟つありき、大き陸、今かがやけり、
さ緑や、はてしなくよみがへるもの。

種子ありき、神産び玉と照るもの、
命なり、息づくと芽ぶきそめぬ。

日本神話と軍事侵攻の驚くべき結合！　なぜこれが「戦時色は薄い」と解説されるのか
まったく理解できない。
第四楽章はさらにたたみかける。

聞け大陸の黎明に響くは何ぞ嚠喨《りゅうりょう》と
とどろと進む地響きの敵て押し行く勢を。

海を越えたる百万の大御軍の雄叫びは、
旗雲高くさしのぼる日にこそ勇めまのあたり。

沙漠の嵐吹き荒ぶ北は蒙古、満洲里亜《マンジュリア》、
見よ、長城の嶮にして八達嶺は雲鎮む。

天より来る大黄河、長江の水さかしまに、
ひた攻めのぼる兵の勝鬨《かちどき》すでに年経りぬ。

日本軍は、満洲、モンゴルを勢力圏に収めて、華北では北京を陥とし、万里の長城の八達嶺にも達する。さらに華南では上海を抑え、南京を攻め落とし、さらに長江をさかのぼって、武漢三鎮まで攻略している。このような輝かしい勝利より、もうずいぶんと時間がたった――。開戦四周年の記念音楽らしさがここで出ている。

そしてこのように日本軍が進撃したことによって、すべてのものがよみがえって太陽が照り渡っているとまとめられる。これは太陽神であるアマテラスの子孫である天皇の軍隊の威光が行き渡っている暗喩でもあるだろう。

思へ、とどろく跫音に大御軍の征くところ、
物ことごとくよみがへり、茜さす日ぞ照り満たむ。

そして最後の第五楽章。

いま中国大陸は、日本軍の遠征により平和に統治されている。古代も天皇の軍隊はこのように従わないものを平伏させた。ああ、天皇の御業はなんとすばらしいことか。

そう締めくくられたあと、想像力はさらに「南の海」、つまり東南アジアへと飛躍する。

天雲のあをくたなびく大き陸
かく古へも和《やわ》したまひき。

大きなり、弥栄《いやさか》や、天つ御業、
げに崇し、はや和す大御軍。
(弥栄や、八紘一つ宇と
弥栄や、大き亜細亜、南の海。)

おお、今ぞ、大やまと、雲居騰《あが》り、
おお、今ぞ、大き御代、照りわたらせ
(弥栄や、この大き朝とどろき、

弥栄や、この大き朝とどろき。)

アメリカ、イギリスに宣戦布告して大東亜戦争がはじまるのは、この約半年後のことである。

「大陸の黎明」は、神話を十分に理解していないとその意味するところが理解できない。だが知ったときには、その思想と神話の接続に慄然たる思いを禁じえない。

とまれ、その想像力は白秋のみに由来するのではなく、記紀神話を独創的に解釈してきた先人たちのそれにつらなるのである。

「顕教」による「密教」討伐

評論家の久野収《くのおさむ》はかつて、戦前の天皇制を「顕教」と「密教」になぞらえた。天皇は表向き神聖不可侵な存在だとされて、義務教育でもそのように叩き込まれた。ところがエリートになり、帝国大学などに進むと、天皇は統治のための機関であると教えられた。

つまり天皇制をめぐっては、表向きの「顕教」とエリート向きの「密教」があり、たくみに使い分けられていたというのである。

神話についても同じことが言える。神話は義務教育などでは事実として教えられていた。だが、指導者たちはそれが統治のための方便であることをよく知っていた。それゆえ、天地開闢で日本の神々が世界をつくったなどとは本気で述べなかった。

しかし、表向き神話が事実なのだとすれば、神話にもとづいて世界を語ってもいいのではないか。むしろ、それをやらない指導者たちは、神話を中途半端につまみ食いし、ないがしろにしているのではないか——。そういう突き上げが起こってもおかしくない。久野がいうところの、「顕教」による「密教」討伐である。

神話に基礎づけられ、神話に活力を与えられた神話国家の大日本帝国は、それゆえに、オカルティックな想像力に飲み込まれやすいという構造的な欠陥を抱えていたのではなかったか。

あくまで民間の思想にすぎなかった世界制覇の野望は、弱小国家だった明治時代には妄想にすぎなかったけれども、列強の一角を占めるようになった昭和には現実の延長線上のように勘違いされた。

やがて政府が八紘一宇を掲げるようになると、神話的想像力はさらに大きく盛り上がった。そのときにふたたび呼び出されたのは、やはり神武天皇にほかならなかった。

第五章　米英を撃ちて止まむ

――八紘一宇と大東亜戦争

紀元二千六百年に「臣も亦百代の臣」

日中戦争下の一九四〇（昭和一五）年一一月一〇日、昭和天皇・香淳《こうじゅん》皇后臨席のもと、内閣主催の紀元二千六百年式典が宮城外苑で厳かに挙行された。神武天皇の即位より二六〇〇年の節目を祝うイベントである。

近衛《このえ》文麿《ふみまろ》首相が寿詞《よごと》（お祝いのことば）を奏上し、天皇陛下万歳を主唱。五万人余の参列者の和する声は、約七万坪の会場にみたび響きわたった。

作家で文藝春秋創業者の菊池《きくち》寛《かん》は、『文藝春秋』誌上でこの式典に臨んだ感想をこう述べている。

これは新聞にも書いたが、二千六百年の昔、神武天皇が橿原宮《かしはらのみや》で御即位式を挙げさせたまふた時、天神の寿詞を奏した天児屋根命の子孫たる近衛さんが、二千六百年後の式典に寿詞を奏上したことは、皇統連綿たると共に、臣も亦百代の臣たることを偲ばせてよかつた。

（「話の屑籠」『文藝春秋』一九四〇年一二月号）

「近衛さん」とは、ときの首相・近衛文麿のこと。近衛は、公爵を授けられた五摂《せっ》家《け》筆頭の家柄で、摂関政治で有名な藤原氏の末裔だった。そして藤原氏は、大化の改新で中大兄皇子（のちの天智天皇）に協力した中臣鎌足《なかとみのかまたり》に端を発する。中臣鎌足は、別格官幣社たる談《たん》山《ざん》神社の祭神だ。

さらに中臣氏の祖先をたどると——アメノコヤネ（天児屋根命）という神にたどりつく。このアメノコヤネは、天孫降臨のときに、アメノオシヒ（大伴氏の祖先）などとともにニニギに随伴した神の一柱だった（神武天皇即位のときには出てこないため、これは菊池の勘違いだろう）。

ようするに、天孫降臨のとき、ニニギに従ったアメノコヤネという君臣の図式が、皇紀二六〇〇年の当時、昭和天皇に従う近衛文麿というかたちで再現された。それが「皇統連綿」とともに「臣も亦百代の臣」であることを思い出させて感動的だったと、菊池寛は述べているのである。

まさに、教育勅語で述べたところの「忠孝の四角形」ではないか。

奉祝ムードで娯楽解放

菊池も浮かれるほどの紀元二六〇〇年奉祝ムードに、民間も乗らないではいられなかった。

温泉専門雑誌『温泉』二月号に掲載されている記事は、時代の空気を象徴している。いわく、温泉で「清浄な心身」になりながら神武東征のルートをたどって、神武天皇陵、橿原神宮、吉野神宮などを参拝しよう、と（富士雄生「温泉南北」）。

温泉と聖地巡礼。どちらが本当の目的なのかはいうまでもない。そのような呼びかけを待つまでもなく、伊勢神宮の参拝者は激増し、奈良県や宮崎県などは降って湧いた観光特需にうるおった。泥沼の日中戦争で押さえつけられていた娯楽への渇望が、聖地巡礼の大義名分のもとに一時的に猛烈に解放されたのである。

レコード会社もこの流れに乗り、紀元二六〇〇年ソングをつぎつぎに送り出した。とくに紀元二千六百年奉祝会と日本放送協会によって制定された奉祝国民歌「紀元二千六百年」（増田光生作詞、森義八郎作曲）は、コロムビア、ビクター、ポリドール、キング、テイチク、タイヘイの各レーベルより、人気歌手のカバーでリリースされた。

その一番の歌詞が、神武東征の伝説に由来するのはあらためて繰り返すまでもないだろう。

金鵄輝く　日本の　栄ある光　身にうけて
いまこそ祝はへ　この朝《あした》　紀元は二千六百年
あゝ一億の胸は鳴る

このような世紀の祭典では、さまざまなアーティストがふだんならば依頼がなく、つくることもない経費度外視の記念碑的大作を世に問いやすい。

なかでも交声曲「海道東征《かいどうとうせい》」（北原白秋作詞、信時潔作曲）は、「戦後長らく封印されていた」という触れ込みで近年再演される機会が多くなっており特筆に値する。

じっさいは封印されていたわけではなく（戦後もいくどか再演されている）、浅薄な愛国ビジネスの売り文句にすぎないのだが、それでも神武天皇が南九州を発して大阪湾に上陸するところまでを描いた全八章からなる大掛かりなカンタータは、明治にあわてて洋楽を取り入れた日本人がついにここまでの作品をつくったかと感嘆させられるもので、いちど聴いてみて損はしない。

そして白秋が技巧の限りを尽くした詩は、第八章「天業恢弘《てんぎょうかいこう》」で大合唱とともに、つぎのようにしめくくられる。

神と坐す大稜威高領《おおみいつたかし》らせば、八紘《あめのした》一つ宇とぞ。
遼《はる》かなりその肇国《はつくに》　涯も無し天つみ業《わざ》、
いざ領《し》らせ大和ここに、雄たけびぞ、弥栄《いやさか》を我等。

注目のスローガン「八紘一宇」

ここで示されているように、この年、もっとも注目を集めたスローガンは、神武天皇が唱えたとされる八紘一宇だった。

これまでなんども出てきたが、「八紘」とは世界を意味し、「一宇」とはひとつの家を意味する。出典についてはこのあと詳しくみるとして、まずは「世界をひとつの家にする」くらいに捉えておけばよい。

第二次近衛内閣は、同年七月に成立するや、基本国策要綱でこの八紘一宇を国是として掲げ、大東亜の新秩序を建設すると宣言した（「皇国の国是は、八紘を一宇とする肇国《ちょうこく》の大精神に基き、世界平和の確立を招来することを以て根本とし、先づ皇国を核心とし、日満支の強固なる結合を根幹とする、大東亜の新秩序を建設するに在り」）。

また九月、日独伊三国同盟が成立すると、昭和天皇から発せられる詔書の冒頭でも八紘一宇がお目見えした（「大義を八紘に宣揚し、坤輿《こんよ》を一宇たらしむるは、実に皇祖皇宗の大訓にして朕が夙夜眷々《しゅくやけんけん》措かざる所」）。「坤輿」は「八紘」とほとんど同じ意味だから、この歴代天皇の教えである八紘一宇を昭和天皇自身も日夜大切にしていると述べられたわけだ。

そして一一月には、宮崎市に八紘一宇の塔が完成し、翌年にかけて神武天皇にかんするさまざまな記念碑が西日本を中心に建てられた。その多くは現在でもしっかり残されている。

本章ではこのような詩歌やモニュメントをとっかかりに、大日本帝国の崩壊を招いた大東亜戦争と神話の結びつきを考えてみたい。

宮崎県の事業で建てられた「八紘一宇の塔」

まずは、舞台を宮崎市に移そう。

第一章で、二〇二〇（令和二）年にJR宮崎駅の西口が高千穂口、東口が大和口と改称されたと述べた。天孫降臨があったとされる場所（高千穂町もしくは霧島山）は宮崎駅の西にあり、そして神武天皇がめざした大和は東にある。ここまで読んでもらえばわかるように、まさに神話を踏まえたネーミングだった。

その宮崎駅から北に約四キロ進むと、現在、平和台公園と呼ばれる場所があり、その標高六〇メートルの丘陵に、高さ約三七メートルの巨大な塔がそびえたっている。いわゆる八紘一宇の塔である。正式には、八紘之基柱《あめつちのもとはしら》という。宮崎市は高い建物が少ないので、遠くからもその偉容を拝むことができる。

その歴史は、一九三七（昭和一二）年七月、相川勝六《あいかわかつろく》が宮崎県知事に就任したところからはじまる。

戦前、県知事は公選制ではなく内務官僚が代わる代わる務めていた。相川も朝鮮総督府の外事課長を経て、人事異動で宮崎県に赴任してきた。大東亜戦争下には、小磯国昭《こいそくにあき》内閣の厚生大臣などを務めることになるエリートだった。

相川は、きたる皇紀二六〇〇年の奉祝事業に宮崎県も積極的に関与すべきだと考え、一九三八（昭和一三）年、県の事業で宮崎市の皇宮屋《こぐや》に記念塔を建てる計画を発表した。皇宮屋は、神武天皇の宮跡とされる地で、八紘之基柱の約七〇〇メートル南に位置する。

これを受けて、設計者として白羽の矢が立ったのが日名子実三だった。その名前には聞き覚えがあるかもしれない。やはり第一章で、八咫烏をかたどった支那事変従軍記章をデザインしたとして取り上げた彫刻家だ。

記念塔はやがて八紘之基柱と正式に名付けられ、建設地も現在の丘陵地（当時は八紘台と呼ばれた）に定められた。そして一九三九（昭和一四）年五月に着工、のべ六万人の奉仕作業により完成し、翌年一一月、高松宮《たかまつのみや》宣仁《のぶひと》親王（昭和天皇の次弟）臨席のもとで竣工式が執り行われた。

八紘之基柱はその特徴的な姿から、一九四二（昭和一七）年発行の四銭切手、また一九四四（昭和一九）年発行の一〇銭紙幣のデザインに採用された。そのため、大東亜戦争下でもっとも広く知られたモニュメントのひとつとなった。

秩父宮が染筆した「八紘一宇」

八紘之基柱は、約二〇メートルの石組みの基壇と、その上にそびえる鉄筋コンクリート造の柱（表面は石張り）からなり、柱中腹には信楽焼の彫刻が四隅に並べられている（5－1）。柱の部分は、まるで鱗がいくえにも重なったようなデザインで、先端にいくほど細くなっていく。

5-1　再建された武人像（2019年10月撮影）

日名子いわく、鱗状のものは、神主がお祓いのときに使う幣束と、神武天皇の軍勢が用いた楯をイメージしており、重なった部分は、天地開闢のときに神々が生成した感じをあらわしているという。

柱の正面には銅製の扉があり、神武天皇が船出する様子をあしらっている。その上部には、三種の神器をデザイン。

そして厳室《いつむろ》と呼ばれる内部の空間には、八枚の石膏レリーフが配置されている。

そのうち二枚は、日本を中心とする東半球の図（大東亜の図）と、南米大陸を中心とする西半球の図（南米大陸の図）。残りの六枚は、神話から歴史を描いたもので、時系列で並べると、「国土奉還」「天孫降臨」「鵜戸《うど》の産屋」「紀元元年」「明治維新」「紀元二千六百年（もしくは民族協和）」となる。「国土奉還」は国譲り神話、「鵜戸の産屋」は神武天皇の父ウガヤフキアエズの誕生譚を指す。

かつてこの空間の正面には、秩父宮雍仁親王《ちちぶのみややすひと》（昭和天皇の長弟）が越前鳥子紙に染筆した八紘一宇の書が掲示されていた。だが敗戦後、近くの宮崎神宮（旧官幣大社、祭神は神武天皇）に移されて現在も還ってきていない。

そとに戻って、柱の周りをぐるっと歩いて四隅の信楽焼を仰ぎ見てみよう。荒御魂《あらみたま》、和御魂《にぎみたま》、奇御魂《くしみたま》、幸御魂《さきみたま》の四体で、それぞれ古代の武人、商人、漁人、農人の姿で周囲を睥睨《へいげい》している。

いかにも純和風のようだが、現在では、日名子が昭和初期にヨーロッパに留学したときに見物したドイツ・ライプツィヒの「諸国民の戦い記念碑」に影響を受けたのではないかとも指摘されている。

この記念碑は、ナポレオンを打ち破ったライプツィヒの戦い一〇〇周年を記念して、一九一三（大正二）年に建てられたもので、中央に立つ記念碑のまわりに大天使ミカエルの彫刻などが施されている。ただし規模は壮大で、高さは九一メートルもある。

それはともかく、八紘之基柱でひときわ目を引くのは、やはり柱の中央に刻まれた八紘一宇の文字だろう。さきほどの秩父宮の染筆にもとづくもので、いまでは黒ずんでいる柱にあって、この文字の部分だけが異様に白っぽい。これは、敗戦後の一九四六（昭和二一）年にいったん削り取られて、一九六五（昭和四〇）年に復元されたためだ。

同じように、信楽焼の像のうち、武人をかたどった荒御魂も撤去されたものの、一九六二（昭和三七）年にやはり復元された。

世界中から集まった切石

目立っていただけに、戦後この塔の処置に困った様子が浮かび上がってくるが、それよりもこの塔の性格をよくあらわしているのは基壇部分。近づいてみると、切石のひとつひとつに団体名が記されている（5－2）。

「広島県教育会」「海軍協会山形支部」「愛婦本郷第三分会」「朝鮮総督府」「台湾総督府」「満洲国奉天市」「南支飯島藤田隊」「第六師団司令部」「香港日本人会」「南米秘露《ペルー》日本人会」「独逸採石工業会社」——。

5-2　基壇の一部。「南京日本居留民会」と記されている（2019年10月撮影）

日本国内のものがいちばん多いが、植民地や勢力圏からのもの、陸軍部隊からのもの、そして在外日本人団体からのものも含まれている。じつは八紘之基柱を建設するにあたり、相川知事のアイデアで「皇威」の及ぶ範囲より広く石材が集められたのである。

一県の事業なのに？　そこがこの知事のやり手なところだった。そもそも八紘之基柱については、当初より大阪毎日新聞をバックにつけていた。同紙は、ライバルの大阪朝日新聞が橿原神宮の整備計画を支援していたので、宮崎県のほうは自社で押さえようとしたのだ。

両紙はそれぞれ、現在の毎日新聞、朝日新聞にあたる。ともに大阪発祥のメディアで、戦前を代表する二大紙であり、熾烈な部数競争を繰り広げていた。

こうしたメディア・キャンペーンもあり、切石は全国各地より集まった。また相川知事は、交友のあった板垣征四郎《いたがきせいしろう》陸相にも協力を依頼して、最前線の部隊からも石材を送ってもらった。最終的に集められた切石は、なんと一七八九個に及んだ。

切石の出どころはかなりの部分が特定されており、なかには中国人の墓石を切り出したものまであるという。

世界中に点在する日本人から広く集められた石材でできた記念塔は、まさに八紘一宇を体現するものだった。そしてその一部が戦地から掠め取られたものだったという点も、この理念のもとに実際なにが行われていたかを物語ってあまりある。

相川知事はその完成をみることなく広島県知事に転任していったが、戦後は宮崎市を選挙区に含む自民党の代議士を長く務めた。そのため、八紘之基柱がやがて平和の塔と呼ばれ、一九六四（昭和三九）年、東京オリンピックで聖火リレーの起点となったことも、身近で目撃することとなった。

「皇軍発祥之地」と「日本海軍発祥之地」

宮崎県には、日名子実三の設計になる記念碑があとふたつ存在する。一九四一（昭和一六）年、皇居屋に建てられた「皇軍発祥之地」碑と、翌年九月、県北部の美々津《みみつ》町（現・日向《ひゅうが》市）に建てられた「日本海軍発祥之地」碑である。八紘之基柱とあわせて、これらを日名子三

5-4　日本海軍発祥之地
（2019年10月撮影）

5-3　皇軍発祥之地
（2019年10月撮影）

部作という（5－3、5－4）。

皇居屋の記念碑は石組みの四角柱で、正面に矛がかたどられ、そのなかに「皇軍発祥之地」の文字が刻まれている。揮毫したのは陸相や参謀総長を務めた杉山元《すぎやまげん》。宮崎神宮摂社の皇宮神社の南にひっそり立っており、筆者が訪問したときは雑草が生い茂っていた。細部のデザインはともかく、よく見かけるタイプの造形である。

これにくらべて、美々津の記念碑は波頭のかたちをしており、とても特徴的だ。海辺に鎮座する立磐《たていわ》神社のすぐそばにあり、保存状態も悪くない。近くの看板によると、八紘之基柱のように戦後碑文が破壊されたものの、一九六九（昭和四四）年に復元されたという。その碑文「日本海軍発祥之地」

は、首相、海相を歴任した米内光政《よないみつまさ》によって揮毫された。

あらためていうまでもなく、このふたつの記念碑はそれぞれ陸軍と海軍を代表するものだった。なにかにつけていがみ合っていた両者に配慮するように、両方とも高さは約一三メートル。なお石材は、八紘之基柱で集められたものの残余が使われた。

それにしても、陸軍の記念碑が皇居屋にあるのはいいとして、海軍の記念碑が美々津という聞き慣れない場所にあるのはなぜなのか。その理由は、ここが神武天皇が東征へと船出した場所だといわれていたからである。

一九四〇（昭和一五）年、やはり大阪毎日新聞社などの主催で「神武天皇御東行順路漕舟大航軍」なるキャンペーンが行われた。宮崎県西都原《さいとばる》古墳群より出土した舟形埴輪をモデルに復元された古代軍船「おきよ丸」を、美々津から大阪の中之島までじっさいに航海させ、そこからさらに陸路で橿原神宮まで運ぶという大掛かりなものだった。

「おきよ丸」は、神武天皇が乗ったとされる船名である。記紀にはみえないものの、美々津では神武天皇が船出するに際して随伴する兵士たちを「起きよ、起きよ」と起こしたとの伝承が残っており、船名もそこからつけられた。

現在、美々津の古民家を改装した日向市歴史民俗資料館には、「おきよ丸」の模型などが展示されている。そして伝統的建造物群保存地区に指定されている町中を歩くと、同船

5-5　「おきよ丸」の郵便ポスト（2019年10月撮影）

を彫刻した木製の郵便ポストまで散見される（５－５）。神武天皇の伝説はここではまだ生きているのだ。

なぜ宮崎は「神話県」になったのか

このように宮崎県はまことに神話県である。

いまや空港に降り立つと、神話のステンドグラスが迎えてくれる。二〇一九（令和元）年、影絵作家の藤城清治《ふじしろせいじ》の原画をもとに、ステンドグラス工芸家の臼井定一《うすいさだいち》によって制作されたもので、アマテラス、スサノオ、アメノウズメ、ニニギ、イワレヒコなど錚々たる神々が登場している。電車できても、飛行機できても、宮崎県では神話と無縁ではいられないのだ。

だけれどもそのイメージは、かならずしも昔からつづくものではなかった。というのも、戦

5-6　神武天皇御発航伝説地（2021年10月撮影）

前は鹿児島県もまた「肇国聖地」としてみずからを売り出していたからである（「肇国」とは、新しく国を建てること）。

その証拠に、神武天皇が出航した記念碑は鹿児島県にも立っている。肝属《きもつき》郡東串良《ひがしくしら》町の小高い丘に立つ「神武天皇御発航伝説地」がそれだ。背面には揮毫者として、紀元二千六百年鹿児島県奉祝会総裁の島津《しまづ》忠《ただ》重《しげ》公爵の名前が記されている（5－6）。

なぜこんなことになったのか。それもこれも、『古事記』や『日本書紀』に具体的な地名が記されていないことが原因にほかならない。『古事記』にはただ、神武天皇たちが高千穂宮にいて日向から出発したとあるのみ。『日本書紀』にいたっては、まったく地名が出てこない。美々津というのは、あくまで地元の伝承にすぎなかったのだ。

日向というと、宮崎県の旧国名だと考えられている。ただ八世紀以前は鹿児島県と宮崎県を含む広い地域を指していた。これまで神武天皇の出発地を「南九州」というぼんやりとした表現をしてきたのはこのためだった。

同じような事情は、天孫降臨の地とされる高千穂でもみられた。しばしば触れてきたように、高千穂は、宮崎県北部の西臼杵《にしうすき》郡高千穂町と、同県と鹿児島県の境に位置する高千穂峰の二説が存在する（5－7、5－8）。そのため、ここでもまた宮崎県と鹿児島県のあいだで争いが起こった。

現在からすると鹿児島県の頑張りようが意外かもしれない。鹿児島県の歴史的観光資源は、神話というより明治維新ではないかと。だが、神話にかんするコンテンツもけっして見劣りしなかった。

じつは鹿児島県には、神代三陵《じんだいさんりょう》が揃っていた。神代三陵とは、神武天皇の祖先三代の陵墓、すなわちニニギの可愛山陵《えのみささぎ》（薩摩川内《せんだい》市）、ホホデミの高屋山上陵《たかやのやまのえのみささぎ》（霧島市）、ウガヤフキアエズの吾平山上陵《あひらのやまのえのみささぎ》（鹿屋市）だ。その候補地は九州各地にあるものの、一八七四（明治七）年、すべて鹿児島県内に治定されていた。

つまり当時宮崎県はかならずしも優勢ではなく、なんとしても鹿児島県に対抗しなけれ

5-7　槵觸《くしふる》神社（宮崎県高千穂町）の高天原遥拝所（2019年10月撮影）

5-8　鹿児島県霧島市の天孫降臨神籬《ひもろぎ》斎場（2021年10月撮影）

ばならなかった。そこで反撃のシンボルとして建てられたのが、ほかでもない八紘之基柱だった。そしてその試みは、相川知事の尽力や大阪毎日新聞のメディア・キャンペーンによって一定の成果を収めた。いや、現在の神話県としてのプレゼンスにかんがみれば、勝利したといってもいいだろう。

たしかに、このような宮崎県の試みはもっぱら地域振興と結びついており、政府主導のピラミッド型の国民動員とは異なる。だが、「上からの統制」のみならず「下からの参加」があったからこそ、神話国家としての日本は成り立っていたのである。神話との関わりはこの全体でとらえなければならない。

国が認定した神武天皇「東征ルート」

そのいっぽうで、皇紀二六〇〇年には神武天皇聖蹟《せいせき》の調査保存顕彰が記念事業として文部省で行われることになった。こちらは明確に政府主導である。そのために、一九三八(昭和一三)年一二月、神武天皇聖蹟調査委員会が設けられた。

会長には、東京帝国大学名誉教授で歴史学者の三上参次《みかみさんじ》が就いたが、まもなく死去したため、筑波藤麿《つくばふじまろ》があとを継いだ。

筑波は山階宮《やましなのみや》菊麿王《きくまろ》の第三子であり、臣籍降下して侯爵を授けられた。学究肌で軍人にはならなかったが、戦後ははじめての靖国神社の宮司となり、三〇年以上にわたって同社の改革に努めた。いわゆるA級戦犯の合祀には慎重だったといわれる（そのため合祀の実現は、次代の松平永芳宮司の就任を待たなければならなかった）。

この国の事業により、一九四〇（昭和一五）年七月、つぎの箇所が保存顕彰すべき聖蹟として認められた（地名は現在のもの。神社の境内もしくは近所のものはその社名を添えた）。

①菟狭《うさ》推考地　大分県宇佐市（宇佐神宮）
②崗水門《おかのみなと》　福岡県遠賀郡芦屋町（戦後、近くの神武天皇社に移された）
③埃宮《えのみや》多祁理宮《たけりのみや》伝説地　広島県安芸郡府中町（多家神社）
④高嶋宮《たかしまのみや》伝説地　岡山市（高島神社）
⑤難波之碕《なにわのみさき》　大阪市（大阪天満宮）
⑥盾津《たてつ》推考地　大阪府東大阪市
⑦孔舎衛坂《くさえのさか》伝説地　大阪府東大阪市
⑧雄水門《おのみなと》伝説地　大阪府泉南《せんなん》市（男神社摂社浜宮）
⑨男水門《おのみなと》伝説地　和歌山市（水門吹上神社）
⑩名草邑《なくさむら》推考地　和歌山市

⑪狭野《さぬ》　和歌山県新宮市
⑫熊野神邑《くまぬのかみのむら》　和歌山県新宮市（阿須賀神社）
⑬菟田穿邑《うだのうかちのむら》　奈良県宇陀市
⑭菟田高倉山伝説地　奈良県宇陀市
⑮丹生川上《にうのかわかみ》　奈良県吉野郡東吉野村（丹生川上神社中社）
⑯磐余邑《いわれのむら》推考地　奈良県桜井市（吉備春日神社）
⑰鵄邑《とびのむら》　奈良県生駒市（天忍穂耳神社）
⑱狭井河之上《さいがわのほとり》推考地　奈良県桜井市（大神《おおみわ》神社）
⑲鳥見山中霊畤《とみのやまのなかのまつりのにわ》伝説地　奈良県桜井市（等彌《とみ》神社）

例によって、神武天皇の東征ルートも『古事記』と『日本書紀』で微妙に異なっている。この聖蹟はそれぞれを参照しながら定められた。

たとえば、①の菟狭は記紀両方に掲載されているが、②の崗水門は『日本書紀』のみ。③の埃宮多祁理宮は、『日本書紀』に埃宮、『古事記』に多祁理宮と記されているものを、ひとつとしてまとめた。

また、聖蹟候補となった場所でも、調査の結果、採用されないこともあった。神武天皇

5-9　神武天皇聖蹟菟狭顕彰碑（2021年11月撮影）

たちがいた高千穂宮がそうで、宮崎神宮を候補地として推していた宮崎県を落胆させた。また神武天皇が出航した場所はそもそも記紀に掲載がないため、どこも採用されなかった。

　文部省の事業で聖蹟として認定された場所には、一九四一（昭和一六）年一一月までにすべて記念碑が建てられた（5－9、5－10）。

　形状はほぼ同一で、台座のうえに高さ約三メートルの四角柱の碑が立っている。装飾性は低く、正面に大きく「神武天皇聖蹟（地名）顕彰碑」と刻まれて、背面にその説明が記されている。

　良質の花崗岩が選ばれただけあって、筆者もひととおり見に行ったけれども、

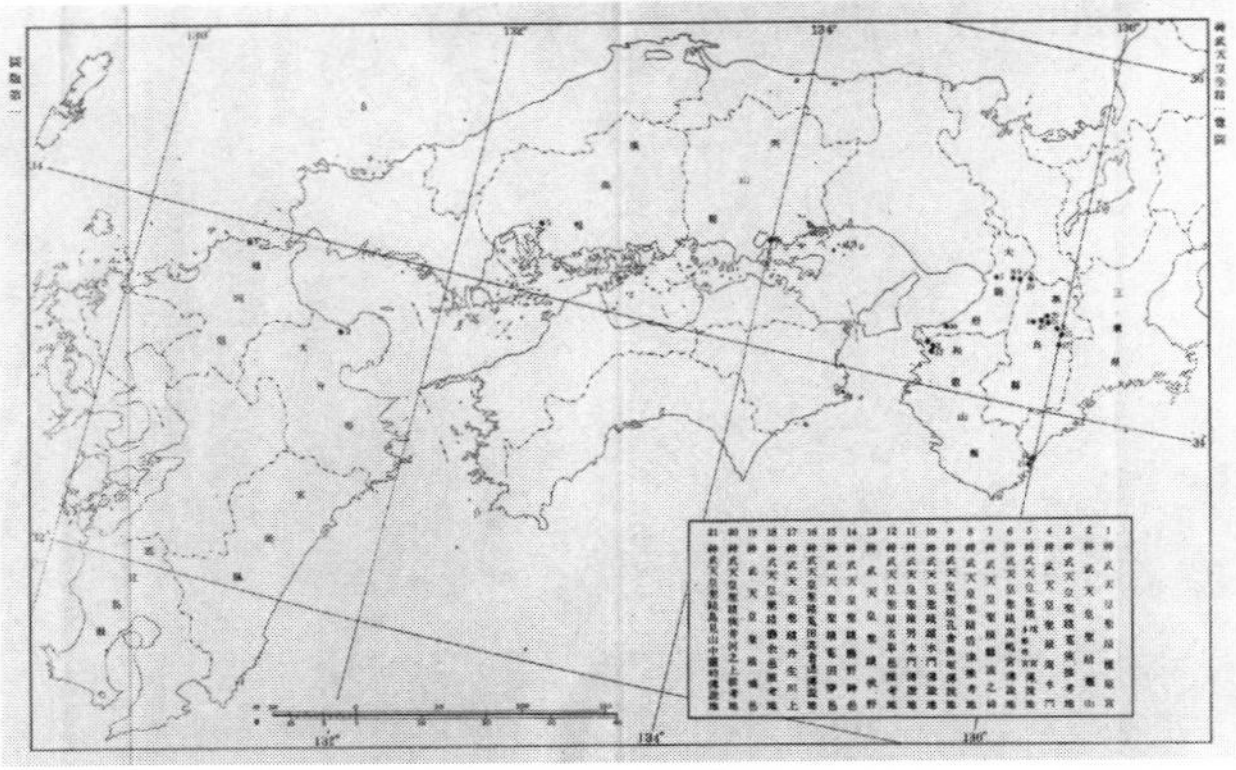

5-10　神武天皇聖蹟一覧（文部省『神武天皇聖蹟調査報告』）
橿原宮、ヒコイツセの陵墓である竈山《かまやま》はすでに認定されているので、皇紀2600年にはあらためて保存顕彰しないこととされた。

現在でもほとんど劣化していない。ただし、一部場所が移されたり、参道が破壊されて見物が困難なものもある。

これにたいして、美々津町の「日本海軍発祥之地」や、東串良町の「神武天皇御発航伝説地」は、あくまで宮崎県や鹿児島県が建てたものなので、形状が異なっている。同じ神武天皇の記念碑といっても、背景はバラバラだったのである。

神武天皇、即位までのプロセス

このようにすべての地点を網羅したわけではなかったものの、文部省の記念碑をたどるだけで、なんとなく神武天皇（イワレヒコ）のルートはつかめる。

イワレヒコは政治の拠点をより国の中心

に近い大和に移そうと決意した。『日本書紀』によると、そのとき四五歳だった。そして九州南部より出発して、現在の宇佐市（①）、北九州市近郊（②）、広島市近郊（③）、岡山市（④）に立ち寄りながら、大阪湾に上陸した。

第一章でも指摘したが、当時の大阪湾は河内平野に深く浸食しており、潟湖《せきこ》を形成していたといわれる。難波之碕（⑤）は、大阪湾と潟湖をつなぐ狭い水域であり、波が速かった。そのため「浪速国」とされた。

イワレヒコの軍勢は、河内国《かわちのくに》の白肩津《しらかたのつ》（別名、盾津）に上陸した（⑥）。ところが、孔舎衛坂（⑦）で地元の豪族ナガスネヒコの迎撃にあい、イワレヒコの兄ヒコイツセが負傷してしまう。そのため、ふたたび船に乗って紀伊半島に迂回することになった（太陽神の子孫なのに、太陽に向かって戦う——つまり西から攻め上るのはよくないとされた）。

ヒコイツセはまもなく、傷が原因で死去。そのとき雄叫びしたため、その場所は『日本書紀』では雄水門（⑧）、『古事記』では男水門（⑨）と記されている。前者は、現在の大阪府泉南市、後者は和歌山市にあたる。

その後、イワレヒコの軍勢は、和歌山市南部（⑩）、新宮市（⑪、⑫）をへて、熊野荒坂津《あらさかのつ》に上陸した。そして八咫烏の導きにより、険しい紀伊山地を踏破して、ようやく奈良県南部の宇陀市に到着した（⑬、⑭）。

イワレヒコはここから、抵抗する勢力をつぎつぎに平伏させていく。吉野郡東吉野村の丹生川上で神々を祀り⑮、桜井市に軍勢を集めていた兄磯城《えしき》を撃破⑯。そして北上して、生駒市で宿敵のナガスネヒコを打ち破った⑰。金の鵄《とび》が輝いて、ナガスネヒコの軍勢を幻惑したのはこのときである。

こうして奈良盆地を平定したイワレヒコは、橿原市に都を開き、初代天皇に即位した。

そして天皇は、桜井市の狭井河のほとりで出会ったイスケヨリヒメ（比売多多良伊須気余理比売）を皇后に迎えた⑱。これは『古事記』の表記で、『日本書紀』ではヒメタタライスズヒメ（媛蹈韛五十鈴媛命）という。また天皇は、国を平定できた感謝を述べるため、桜井市南部の鳥見山に祭壇を設けて天つ神を祀った⑲。

以上が記念碑にもとづく、神武天皇の行程である。

田中智学が造語した「八紘一宇」

さて、問題の八紘一宇がでてくる箇所をみてみよう。

イワレヒコは東征を終え、橿原に都をつくることを決意した。『日本書紀』では、天皇に即位するまえにつぎのように述べたとされる。

上は乾霊《あまつかみ》の国を授けたまひし徳《みうつくしび》に答へ、下は皇孫《すめみま》の正《ただしきみち》を養ひたまひし心を弘めむ。然して後に、六合《くにのうち》を兼ねて都を開き、八紘《あめのした》を掩ひて宇《いえ》にせむこと（引用者註、漢文では掩八紘而為宇）、亦可からずや。観れば、夫《か》の畝傍山の東南の橿原の地は、蓋し国の墺区《もなかのくしら》か。治《みやこつく》るべし。

現代語訳を引けば、「上は天神の国をお授け下さった御徳に答え、下は皇孫の正義を育てられた心を弘めよう。その後国中を一つにして都を開き、天の下を掩いて一つの家とすることは、また良いことではないか。見ればかの畝傍山の東南の橿原の地は、思うに国の真中である。ここに都を造るべきである」（宇治谷孟訳）となる。

わかりやすい現代語訳があるのに、あえて原文の書き下しを引いたのはなぜか。それは、八紘一宇という四字熟語がそのまま出ているわけではないということを知ってもらうためだ。

よく知られるように、八紘一宇ということばは、日蓮主義者の田中智学《たなかちがく》によって一九一三（大正二）年三月に造語された。

国立国会図書館のデジタルコレクションでは、より先行する使用例が見つかるのだが、後世に影響があったのは田中によるものである。田中はそれ以前に天下一宇ということばも使っている。

では、その意図するところとはなんだったのか。

田中はまず、戦争など世界の不安をなくすためには、世界を統一しなければならないと説く。ただし、それは人欲にもとづく侵略的世界統一ではなく、天意にもとづく道義的世界統一でなければならないという。

ここまでは理解できないこともない。ただし田中はそこから、道義的世界統一の理念を示したのは神武天皇だと議論を進める。

その根拠が、さきほど引用した部分の冒頭だった。そこで神武天皇は「養正」と述べている。田中はこれを「正義即ち忠孝の理想」と解釈する。つまり神武天皇は道義を打ち立てたのちに(「然して後に」)、世界をひとつの家にするという理想を述べている。これこそ、道義的世界統一にほかならない、と。

そして神武天皇によって示された忠孝を根本とする日本人は、この統一を実現する使命があるとつづくのである。


世界人類を還元し整一する目安として忠孝を世界的に宣伝する、あらゆる片々道学を一蹴して、人類を忠孝化する使命が日本国民の天職である、その源頭は堂々たる人類一如の正観から発して光輝燦爛たる大文明である、これで行り遂げようとい ふ世界統一だ、故に之を「八紘一宇」と宣言されて、忠孝の拡充を予想されての結論が、世界は一つ家だといふ意義に帰する、所謂「忠孝の延長」である、忠孝を一人一家の道徳だと解して居るうちは、忠も孝も根本的意義を為さない、「根なし草」の水に浮べる風情である、忠孝を以て人生の根本義とするところに日本建国の性命はある。

(『日本国体の研究』)

文章が切れ目なく続いていて読み取りにくいが、田中がなにを言わんとしていたかはなんとなくわかるだろう。

神武天皇が道義にもとづいて打ち立てた日本は、道義的世界統一を行う使命がある――。「道義的」は後期水戸学(第二章)に通じ、「世界統一」は国学(第四章)に通じるものがある。

神武天皇が述べた「八紘を掩ひて宇にせむ」は、せいぜい東征ののちは平和的に日本を統治しようというていどの意味だったと考えられる。それがまさか、世界統一の話になろうとは。『日本書紀』の編者たちが知ったら驚くにちがいない。

石原莞爾『世界最終戦論』のビジョン

八紘一宇を造語した翌一九一四（大正三）年、智学は既存の立正安国《りっしょうあんこく》会を改めるかたちで国柱《こくちゅう》会を結成し、みずからの思想普及に努めた。そのもとには、錚々たる人士が集まった。

童話作家の宮沢賢治《みやざわけんじ》が有名だが、それ以外にも、近衛文麿の父篤麿《あつまろ》、北原白秋夫人の菊子、さらにははじめて神武天皇像をつくった彫刻家の竹内久一などがいた。

なかでも陸軍軍人の石原莞爾《いしわらかんじ》は見落とせない。関東軍参謀として満洲事変に関わった石原は、早くより鬼才として知られたが、のちに陸軍内部の権力闘争に破れて左遷されてしまう。その不遇をかこっていた一九四〇（昭和一五）年に執筆されたのが、『世界最終戦論』だった。

石原はそこで、東洋の王道を代表する日本と西洋の覇道を代表するアメリカが世界最終戦争を戦ったのち、世界に永遠の平和が訪れるという壮大なビジョンを示した。

> そうして天皇が世界の天皇で在らせらるべきものか、アメリカの大統領が世界を統制すべきものかという人類の最も重大なる運命が決定するであろうと思うのであります。即ち東洋の王道と西洋の覇道の、いずれが世界統一の指導原理たるべきかが決定するのであります。

核兵器の発明を予見したかのような内容も含まれており、現在でも異能の軍人たる石原の信奉者は多い。

ただ、智学の世界観を知ったあとだと、この王道と覇道が「道義的世界統一」と「侵略的世界統一」の影響だとはっきりわかる。石原は東条英機と対立しただけに、「かれが首相だったらあそこまで悲惨な敗戦に陥らなかったのではないか」などと高く評価されがちだが、その思想の淵源は正確に見極められなければならないだろう。

そもそも陸軍では、日露戦争後、精神教育が重んじられていた。そしてそのなかで、智学が陸軍士官学校などに招かれて、講演することもしばしばあった。

一朝事あらば身命を賭さなければならない軍人は、真剣にみずからの職務を考えれば考えるほど、大きな国家観に思いをいたさざるをえない。自分たちはなんのために戦い、なんのために殉じるのかと。だがその需要に、細部にこだわる専門家はかならずしも応えられない。そのため、在野の思想家が求められやすくなる。

今日でも、自衛隊の幹部学校などに右派のジャーナリストや評論家が招かれていることがしばしば問題視される。その懸念はわからなくもないが、では、代わりに誰を招くべきかもあわせて考えなければならない。穏健な国民の物語が必要だと筆者が述べるのもこれが理由である。重箱の隅をつつくような、専門的な指摘だけではこの問題は解決しないだろう。

それはともかく、講演などの活躍により智学の思想は水面下で広がり、一九三二（昭和八）年には「竹槍将軍」として人気だった荒木貞夫《あらきさだお》が陸相としてはじめて八紘一宇を使用。一九三六（昭和一一）年には二・二六事件を起こした青年将校たちまで、蹶起《けっき》趣意書で「謹んで惟るに我が神洲たる所以は、万世一系たる天皇陛下御統帥の下に、挙国一体生々化育を遂げ、遂に八紘一宇を完うするの国体に存す」と八紘一宇を掲げるようになった。

ちなみに、二・二六事件の発生当時、内務省警保局で保安課長兼高等課長を務めていたのが、のちに宮崎県知事として八紘之基柱の建設を主導する相川勝六である。

官製キャンペーンとしての「愛国行進曲」

そして八紘一宇という考えを決定的に広めたのは、日中戦争の劈頭《へきとう》につくられた「愛国行進曲」だった。

一九三七（昭和一二）年七月の盧溝橋事件に端を発する日中戦争は、もとより大義なき戦いだった。偶発的な軍事衝突をきっかけにして、あれよあれよと戦線が拡大。ついに日中間の全面戦争に発展した。そのため、国民にたいして戦争へのやる気を高めてもらう必要があった。こうして第一次近衛内閣のもとではじまったのが、国民精神総動員運動という官製キャンペーンだった。

第三章で紹介した信時潔作曲の「海ゆかば」は、これに呼応して日本放送協会が組んだ特番「国民精神総動員強調週間」（一九三七年一〇月一三日〜一九日）のために作曲されたものだった。

政府の情報宣伝業務を担う目的で新設された内閣情報部では、この官製キャンペーンにあわせて「愛国行進曲」（森川幸雄作詞、瀬戸口藤吉作曲）を撰定した。歌詞とメロディーはやはり一般より募集された。

その二番はつぎのような内容だった。

起て　一系の　大君を　光と　永久に戴きて
臣民我等　皆共に　御稜威《みいつ》に副はむ　大使命
往け　八紘を　宇となし　四海の人を　導きて
正しき平和　うち建てむ　理想は花と　咲き薫る

万世一系の皇統をいただく、すなわち忠孝がしっかりまもられた日本人が、八紘一宇を達成して「正しい平和」を打ち立てる。これは田中智学の発想にきわめて似通っている。じつは作詞者の森川幸雄は国柱会の会員だったらしい。本人の証言ではないものの、一九四〇（昭和一五）年刊行の河野桐谷《こうのとうこく》『高千穂問題と神武天皇聖蹟』（南画鑑賞会）にはそう記されている。

筆者は最近、黒岩昭彦《くろいわあきひこ》の『「八紘一宇」の社会思想史的研究』でこれを知って驚いた。「愛国行進曲」は「第二の国歌とも云へる愛国歌」をめざして制作され、各社から発売されたレコードは累計一〇〇万枚以上売れたと言われている。もしその歌詞に智学の思想をこめたのだとすれば、その影響力は絶大だったはずだ。

ただし、歌詞では「八紘一宇」ではなくより原文に忠実な「八紘を宇となし」となっている。歌詞の選考過程で修正されたのか、たんに七五調に合うようにされたのか、それはわからない。ともかく、ここから一般の国民にも八紘一宇ということばが広く知られるようになった。

気宇壮大な「八紘一宇の歌」

そのかたわらで、八紘一宇はひとびとの口の端にのぼるにつれて、批判も浴びるようになった。神武天皇の発言そのままではなく、日蓮主義者によって造語されたものにすぎないというのだ。そのため、あえて原文に忠実に「八紘為宇」とする例もあらわれるようになった。

一見もっともらしいが、いささか難癖をつけているようではある。なにせ、八紘為宇は八紘一宇あってこその表現なのだから。ジャーナリストの本多勝一《ほんだかついち》がかつて、United States of America はアメリカ合州国とするのが正しいと述べたが、それがアメリカ合衆国ということばを踏まえた表現にすぎないのと似ている。智学の背景をあげつらうのではなく、その思想のオリジナリティーを正当に評価するべきだろう。

そもそも八紘一宇という表現が完全に消えたわけでもなかった。一例として、陸軍将校のあいだでうたわれていた「八紘一宇の歌」をあげてみよう。小林友一という陸軍将校が、陸軍士官学校で区隊長（生徒の指導役）を務めていた一九三七（昭和一二）年の秋ごろにつくったもので、そこから生徒たちを通じて広まっていったといわれる。

さまざまな歌詞が伝わっているので、一部のみを引いてみる。

赤い血潮で　日の丸染めて
世界統一　してみたい

万里の長城で　小便すれば
ゴビの砂漠に　虹がたつ

支那や蒙古の　子供が唄ふ
愛国行進曲　調子はずれ

ギャング絶えたる　シカゴの町で
孫が詣る　忠魂碑

駱駝泣く〳〵　サハラの砂漠で
獅子を日本刀で　試斬る

霧の晴れたる　ロンドンの町で
高く昇るや　鯉のぼり

日本人が世界を股にかける。気宇壮大といえば聞こえはいいが、イギリスにとって代わる世界帝国を夢想していたとしか思えない。八紘一宇にどのようなイメージがあったのか、その一端がよく伝わってくる。

自国防衛か、アジア解放か

もちろん、このような民間の八紘一宇観がただちに政府の公式見解ではない。だから、日本が世界征服を狙っていた証拠にはならない。

とはいえ、八紘一宇はなんとなく時代の空気をあらわしたことばではある。よく聞くけれども、ぼんやりとしていて、中身を聞かれるとはっきり答えられない。にもかかわらず、錦の御旗として掲げられると抗いがたく、動員されてしまう——。

こういうことばこそ、むしろ危険なのではないか。現在のわれわれならば、感染症対策や自粛の名のもとに、いかに無駄なことが行われて、私権が不必要に制限されていたかよくわかっているはずだ。八紘一宇もそのたぐいのものだった。そして一九四〇(昭和一五)年には前述のごとく国是とされるにいたったのである。

八紘一宇がいかに考えなく使われたか、別の歌も例示してみよう。

皇紀二六〇〇年の翌年、すなわち一九四一(昭和一六)年一二月八日、日本は米英二国に宣戦した。大東亜戦争のはじまりだった。

これを受けて、毎月八日は宣戦の詔書をいただいた日ということで大詔奉戴日《たいしょうほうたい》と称され、戦意高揚の機会とされた。それまで日中戦争の開戦日七月七日にちなんで毎月七日に興亜奉公日が設定されていたが、それを代替したものだった。

そして大政翼賛会の嘱託で「大詔奉戴日の歌」（尾崎喜八作詞、信時潔作曲）という歌もつくられ、職場や学校などで挙行された奉戴式でうたわれた。その四番には、やはり八紘一宇がうたわれている。

八紘　一つの宇と睦び合ひ
東亜の民の十億が、共栄楽土謳歌する
世を築かうと我等みな　誓つた此の日忘れまい。

ところが、驚くべきことに、肝心の開戦の詔書にはこのようなことは一切書いていない。たしかに、「列国との交誼を篤くし、万邦共栄の楽を偕にする」とは書かれているものの、それはあくまで外交上の一般論であって、その後の「今や不幸にして米英両国と釁端《きんたん》（引用者註、戦端のこと）を開くに至る」にかかる。つまり戦争の目的は「万邦共栄」ではない。ではなんなのかというと、それは「自存自衛」にほかならない（「帝国は今や自存自衛の為、蹶然起って一切の障礙を破砕するの外なきなり」)。

そうすると、八紘一宇はどこでうたわれたのか。探っていくと、開戦直後の一二月一三日の情報局発表にたどりつく。情報局は、「愛国行進曲」を撰定した内閣情報部を拡大した組織だ。ここが今次の戦争は「大東亜新秩序建設を目的とする戦争」なので大東亜戦争と称すると発表したのである。

日本の戦争目的が、自国防衛とアジア解放のあいだで分裂していたとはよく指摘されることである。ところが、そんなことは開戦の興奮のなかでほとんど意識されなかった。それゆえ「大詔奉戴」をうたう歌が詔書には記されていない八紘一宇を誓うにいたった。一般国民が誤解していたとしても無理はなかった。

「新しい『古事記』が書かれた」と喜んだ作家

明治維新のとき、日本神話は近代化のための口実であり、一種のネタだった。それが昭和戦前期にいたり、ひとびとを鼓舞できるベタな素材に変化した。

開戦の日、東南アジア地域の攻略を担当する南方軍の塚田攻《つかだおさむ》総参謀長は、サイゴンにおかれていた総司令部で、熱をこめてこう訓示した。

天《あめ》の叢雲《むらくも》の剣は遂に抜き放たれた。わが第一線はマレー半島に上陸を開始、一部において熾烈な戦闘を展開中である。

われわれは神武必勝の信念をいよいよ強固にし、第一線に恥ずることのない総司令部とならねばならぬ。

（『元帥寺内寿一』）


天の叢雲の剣は、三種の神器のひとつである草薙剣の別名である。そして神武天皇が率いた皇軍の伝統につらなるわれわれはかならず勝つと説かれている。

文学者たちもこれに呼応した。早稲田大学や日本大学の校歌を書いた評論家で詩人の相《そう》馬御風《まぎょふう》は、ヤマトタケルが草薙剣で燃え盛る草を払って脱出した故事を念頭におきながら、敵という醜い草を刈るのだと詠んだ（「神国顕現」。詩は長いので一部のみ引用する。以下同じ）。

醜《しこ》の醜草薙ぎつくし／魔のことごとく打ちひしぎ
払ひ浄めて大東亜／安く清しく治まらん

「ぶんぶんぶんはちがとぶ」の童謡で知られるモダニズム詩人の村野《むらの》四《し》郎《ろう》は、日本人を神の末裔と呼んでその奮起をうながした（「挙りたて神の裔」）。

立てよ、神の裔／今こそ妖魔撃滅の時！
挙り立て　剣を取れ／神霊天に在り
千古不滅の溶岩の島嶼／神国日本を守るは今なり
おお　神の裔　神の裔よ／今こそ
われらが富士の大崇厳を護れ！

日中戦争に従軍中、「糞尿譚」で芥川賞を受賞して兵隊作家ともてはやされた火野葦平《ひのあしへい》は、一九四二（昭和一七）年二月のシンガポール陥落を祝う詩で、あまりにもダイレクトに、新しい『古事記』が書かれたと喜んだ（「新嘉坡墜つ」）。

今日を銘記せよ。／神々の意志は逞しく美しい。
新しき神話の創造をめざし、／われらが比類なき絢爛たる皇軍《みいくさ》は
こゝに雄渾の構想を完成した。／壮麗なる文字をもつて、
ふたたび古事記が書かれた。

詩人で作家の佐藤春夫《さとうはるお》も、大伴氏の言立てを引きながら、今日の日本軍将兵は黒潮やジャングルで屍になる覚悟だとたたえて、「新世紀の神話時代」がやってきたとうたった（「詩篇大東亜戦史　序曲」）。

莫遮《さもあらばあれ》　水漬く屍は勇躍して黒潮に漂ひ
草むす屍は莞爾としてジャングル地帯に朽つ。
こはこれ将来の新世紀の神話時代。
壮んなり国生みや国引きや
神々等八百万南方の大洋に浮び給ひ
熱帯の荒野に鉄兜は灼く。かくて
妖雲を拭ひ尽せば、唯見る
天の一方、天孫が御再臨の聖地のあたり
皇道の明星ありて世紀の朝にかがやき
大東亜に愛の秩序の暁を約するを。

国生みはイザナキ・イザナミによるものだが、国引きは八束水臣津野命《やつかみずおみつののみこと》という神が新羅《しらぎ》より出雲国《いずものくに》（現・島根県）へ国土を引き寄せた神話のこと。記紀とほぼ同時代に編まれた地誌『出雲国風土記』に出てくる。

このように、神話はあたりまえに参照されるようになっていた。

「撃ちてし止まむ」作曲の意図

そのなかでも戦時下にもっともよく参照されたのが、「撃ちてし止まむ」だった。神武天皇が奈良盆地でナガスネヒコを討とうとしたとき、うたったとされる久米歌《くめうた》の一節だ。意味としては、「敵を撃たずにおくものか（いや、徹底的に撃ってやるぞ）」。

久米歌はもともと、久米氏が率いる久米部（軍事職能集団）がうたう勇壮な歌だった。久米氏はすでに述べたように、大伴氏と並ぶ古代の軍事氏族だった。

この「撃ちてし止まむ」は、それまでも軍歌や戦争詩で読み込まれてきたけれども、本格的に活用されたのは一九四三（昭和一八）年三月一〇日、陸軍記念日を機会に展開されたキャンペーンだった。

当時、日本軍はそれまでの優位を失い、二月にガダルカナル島から「転進」するなど、米軍相手に苦戦を強いられていた。その後、四月には連合艦隊司令長官の山本五十六《やまもといそろく》が前線視察中に搭乗機が撃墜されて戦死、五月にはアリューシャン列島アッツ島の守備隊が

「玉砕」するという悲報がつづくことになる。

そんなさなか陸軍省では国民の奮起をうながそうと「撃ちてし止まむ」を打ち出すことになり、画家の宮本三郎に依頼して五万枚ものポスターを作成した。

そのイラストは、銃剣を構えた陸軍兵士が日の丸を背に、星条旗とユニオンジャックを踏みつけながら進むという勇壮なもので、その隣には「撃ちてし止まむ」と記されている。

まさに神武東征と大東亜戦争がここで並べられたのだ。

「撃ちてし止まむ」を含む久米歌は、『古事記』『日本書紀』に複数出てくるが、新聞各紙に共通して掲載されたのは、つぎの三つだった。

(1)みつみつし久米の子等が粟生《あわふ》には韮一茎《かみらひともと》 其根《そね》が茎其芽つなぎて撃ちてしやまむ。
(2)みつみつし久米の子等が垣下に植ゑし椒《はじかみ》 口ひひく吾は忘れじ撃ちてしやまむ。
(3)神風《かむかぜ》の伊勢の海の大石にはひもとほろふ細螺《しただみ》のい這ひもとほり撃ちてしやまむ。

それぞれつぎのように現代語訳が紹介されている。
(1)勇壮なわが久米部の作つてゐる粟畑に交つて生えてゐる、あの一本の細い韮のやうな賊共よ、韮の根も芽も一緒に引抜いてしまふやうに、長髄彦《ながすねひこ》も配下の者共も諸共に討ち滅してしまはう。

（2）勇ましい久米部の住む家の垣下に植ゑてある山椒の実がいつまでもピリピリ辛いやうにこの賊共の恨は如何なることがあつても忘れられない、必ずあの賊徒を討ち滅してしまはう。

（3）伊勢の海にある大石に一面に這ひまはつてゐるあの細螺（引用者註、巻き貝の一種）のやうに、我が猛き軍勢をもつて賊を取囲み、一人も漏らさず撃滅してくれよう。

いささか表現が強すぎる気がするが、どういう意図でこの久米歌を引用したかがよくわかる。現代の「長髄彦」「賊徒」、それは米英にほかならなかった。

戦時下の流行語となった「撃ちてし止まむ」

大本営陸軍報道部長の谷萩《やはぎ》那華雄《なかお》は、キャンペーンにさきだつ二月二四日付の毎日新聞で、神武東征と大東亜戦争の共通点をしつこくなんども強調している。

すなわち、神武天皇が北九州や中国地方の各所に立ち寄りながら瀬戸内海を進んだ姿は、

「丁度大東亜戦争で万里の波濤を押し渡つて逐次米英蘭の悪性ある島々を撃ち平げながら作戦をしてゐる情況とよく一致」している。

また神武天皇が熊野に上陸後、深山幽谷に分け入って進んだ姿は、「今日の大東亜戦争においても或はニューギニヤ方面の富士山にも比すべき高峰の連続してゐるオーエン・スタンレー山脈地方に作戦をし、或はガダルカナル島のジャングルの中に戦闘を交へるのと同様である」。

したがって、いまの戦時下において「撃ちてし止まむ」を引き合いに出すのは当然なのだとつづく。あらためていうまでもなく、プロパガンダは人心に響かなければ無駄になってしまう。それだけ、当時のひとびとにとって神武東征が馴染みあるものになっていた証拠である。

「撃ちてし止まむ」はちょうど七字なので、歌詞にも読み込みやすかった。これを含む軍歌は数しれない。

山本五十六戦死を受けて、東京音楽学校校長の乗杉嘉壽《のりすぎかじゅ》によって作詞された交声曲「英霊讃歌　山本元帥に捧ぐ」（橋本国彦作曲）では、こうしめくくられた。

元帥よ　心やすかれ

われ等みな　撃ちてし止まむ。

君が御霊　白き鳥
青きみ空に　天翔《あまかけ》り　護り給へ
われ等みな　撃ちてし止まむ
必ずも　撃ちてし止まむ。

白き鳥はヤマトタケルが死後、白い千鳥になって飛んでいったことを踏まえたものだろう。

また、アッツ島の守備隊玉砕を受けて、朝日新聞が歌詞を公募して撰定した「アッツ島血戦勇士顕彰国民歌」（裏巽久信《うらたつみひさのぶ》作詞、山田耕筰作曲）では、やはり最後につぎのようにうたわれた。

あゝ皇軍の神髄に　久遠の大義生かしたる
忠魂のあとうけ継ぎて　撃ちてし止まむ醜の仇

このように「撃ちてし止まむ」は、戦時下の流行語となっていたのである。

「三種の神器」を心配した昭和天皇

もっとも、戦意高揚キャンペーンもむなしく、日本はジリジリとアメリカ相手に後退を強いられ、サイパン、フィリピンと敗退をつづけ、一九四五(昭和二〇)年には本土空襲の本格化や沖縄での地上戦を迎え、本土決戦も目睫《もくしょう》の間《かん》に迫る情勢に陥った。ことここにいたると、それまで積極的な作戦を求めていた昭和天皇も、三種の神器の心配をするようになった。

あらためて確認すると、三種の神器とは、八尺瓊勾玉、八咫鏡、草薙剣(天の叢雲の剣)を指す。『古事記』および『日本書紀』の一書によれば、アマテラスがニニギに天孫降臨に際して与えたとされる。現在、八咫鏡は伊勢神宮内宮に、草薙剣は熱田《あつた》神宮にそれぞれ安置され、両者の形代(レプリカ)と八尺瓊勾玉が皇居(鏡は宮中三殿の賢所、剣と勾玉は吹上御所の「剣璽《けんじ》の間」)に安置されている。

もっとも記紀には、三種の神器が皇位の象徴とは記されていない。また古代から同じものが継承されているわけではなく、一一八五(寿永四/元暦二)年、壇ノ浦の戦いで安徳《あんとく》天皇が入水したときに、草薙剣が失われるなどしている。そもそも「三種の神器」ということばの初出は、この入水を伝える『平家物語』だ。

それでも三種の神器は、南北朝時代に大きな意味をもつようになった。というのも、北畠親房の『神皇正統記』のように、その所持者こそが正統な天皇だと主張されるようになったからである。実際に、南北朝が合一するときは南朝の後亀山《ごかめやま》天皇から北朝の後小松《ごこまつ》天皇に神器が譲り渡された。

明治維新後は、神武創業とうたいながら、三種の神器の見方はむしろ南北朝時代のものが継承された。すなわち、皇室典範には「祖宗の神器」とその承継が明記された。また天皇が一泊以上の行幸をする際には、草薙剣の形代と八尺瓊勾玉が携行された。これを剣璽動座《どうざ》という。

昭和天皇は、この三種の神器の重みを信じていたようで、一九四五（昭和二〇）年六月に沖縄戦が終わって本土決戦が現実的になると、その安全を盛んに心配するようになった。七月二五日、内大臣の木戸幸一《きどこういち》にこう述べている。軍は本土決戦で戦局を挽回すると唱えているが、これまでの経験上にわかに信じられない。もし作戦に失敗すれば、パラシュート部隊が降下してきて、大本営が捕虜になることもありうる。そこで真剣に考えるべきは、三種の神器だ――。

爰《ここ》に真剣に考へざるべからざるは三種の神器の護持にして、之を全ふし得ざらんか、皇統二千六百有余年の象徴を失ふこととなり、結局、皇室も国体も護持［し］得ざることとなるべし。之を考へ、而して之が護持の極めて困難なることに想到するとき、難を凌んで和を媾ずるは極めて緊急なる要務と信ず。（『木戸幸一日記』下巻）

なんと昭和天皇は、国民の生命ではなく三種の神器のために講和の必要を訴えているのだ。

そして同月二九日に伊勢神宮のある宇治山田市が空襲されると、昭和天皇はますます悲観論に陥っていく。翌々日には、ふたたび木戸にこんどは具体的な避難プランについても語っている。

先日、内大臣の話た伊勢大神宮のことは誠に重大なことと思ひ、種々考へて居たが、伊勢と熱田の神器は結局自分の身近に御移して御守りするのが一番よいと思ふ。（中略）万一の場合には自分が御守りして運命を共にする外ないと思ふ。（前掲書）

三種の神器と運命をともにする。記紀ではそんなに重んじられていないのに――。神話にもとづくネタは、神道の最高祭祀者であるところの天皇自身も本気で信じるようになっていたのである。

詔書から消された「三種の神器」

したがって連合国に降伏するにあたって、政府関係者のあいだで三種の神器の心配がなされたのは無理からぬものがあった。

一九四五（昭和二〇）年八月一五日、大東亜戦争の敗戦は玉音放送により国民に広く知らされた。そのとき読み上げられた詔書が、戦争継続派の妨害に遭わないように大急ぎで起草・修正されたことは、半藤一利の名著『日本のいちばん長い日』でよく知られている。

じつはこのときの詔書にも、もともと三種の神器のことが書かれていた。国立公文書館所蔵の「戦争終結に関する詔書案」をみると、草案では「神器を奉じて爾臣民と共に在り」という一節が入っていた。

最終版の「朕は茲に国体を護持し得て、忠良なる爾臣民の赤誠に信倚し、常に爾臣民と共に在り」の「常に」の部分だ。ところが、それは結果的に削除された。

その理由について、内閣書記官長（現在の官房長官にあたる）として文書起案にあたっていた迫水久常《さこみずひさつね》は、石黒忠篤《いしぐろただあつ》農相のつぎのひとことが大きかったと語っている。

米国などは、いまなお、日本の天皇に神秘的な力があると信じている。にもかかわらず、こんなことを書き記しておくと、天皇の神秘力の源泉が三種の神器にあると考えるにちがいない。そうなると、連合国では、神器についてあれこれせんさくしないとも限らない。無用の混乱を防ぐためにもこの部分は削除したほうがよいと思う。起草者の気持ちはよくわかるし、日本国民の一人としては同感だが、やはり、削るほうがよいのではあるまいか。

（『大日本帝国最後の四か月』）

わざわざ三種の神器について書くと、連合国が関心をもってしまうのではないかと懸念されたわけだ。これに閣僚の面々はみな同意し、神器云々は削除されることになった。アマテラスがニニギに与えたものなど存在するはずがないのに、そもそも三種の神器が重んじられたのは南北朝時代からなのに――とはやはりならなかったのだった。

神話国家の終焉

敗戦間際の指導者たちは、国体を守ろうと必死だった。そしてそのために、三種の神器を隠そうとした。

だが、もとをたどってみよう。国体にせよ、三種の神器にせよ、近代国家を急造するための方便ではなかったか。

明治の指導者たちは、神話を一種のネタとわきまえたうえで、迅速な近代化・国民化を達成するために、あえてそれを国家の基礎に据えて、国民的動員の装置として機能させようとした。

その試みはみごとに成功して、日本は幾多の戦争に勝ち抜き、列強に伍するにいたった。しかるに昭和に入り、世界恐慌やマルクス主義に向き合うなかで、神話というネタはいつの間にかベタになり、天皇や指導者たちの言動まで拘束することになってしまった。ネタを守るために、国民の生命が犠牲にさらされる。もう戦局は絶望的なのに終戦は先延ばしにされて、沖縄では地上戦が行われ、広島・長崎には原爆が投下された。本土空襲で焼き払われた都市は数しれない。ネタがベタになるリスクをこれほど物語るものもほかにない。

ともあれ、神話に基礎づけられ、神話に活力を与えられた大日本帝国という神話国家は、この敗戦により終焉を迎えることになるのである。

第六章　教養としての戦前

——新しい国民的物語のために

もうひとつの「靖国」

毎年八月一五日に全国戦没者追悼式が執り行われ、最近では安倍元首相の国葬も執り行われた、東京・北の丸公園の武道館。そのすぐ隣に、ほとんどだれも気に留めない階段がひっそりと伸びている。

石灯籠や狛犬が並べられ、まるで神社の参道のようだ。登っていくと案の定、手を洗う水盤があり、銅板葺きの切妻屋根の建物が二棟建っている。奥が本殿、手前が拝殿の構図である。

ところが、千木《ちぎ》や鰹木《かつおぎ》といった装飾はなく、なにより鳥居が立っていない。周囲は木々が生い茂り、小さな集落の神社を思わせるのに、神道的な要素はたくみに消し去られている。

このふしぎな施設は弥生《やよい》慰霊堂という（6－1）。

その歴史は、一八八五（明治一八）年一〇月、警視庁招魂社として本郷区（現・文京区）向ケ丘弥生町に創建された弥生神社にさかのぼる。殉職した警察・消防・監獄の各職員や、警察に功績があったものを祀るための施設であり、いわば「警察版・靖国神社」だった。

例大祭の日は、警察制度の創始者である川路《かわじ》利良《としよし》の命日、一〇月一三日とされた。警視

6-1　北の丸公園の弥生慰霊堂（2023年2月撮影）

庁お雇いのフランス人で、東京で客死したガンベ・グロースもここに合祀された。

弥生神社はその後、芝公園、鍛冶橋畔の警視庁構内、青山墓地内の警視庁用地を経て、一九三一（昭和六）年、警視庁の新庁舎が桜田門前に完成したことにともなって、隣接する麹町《こうじまち》区（現・千代田区）隼《はやぶさ》町に遷された。

当時は内務省が全国の神社を管轄しており、その下部組織である警視庁が神社をもっていることはけっしてふしぎではなかった。ところが大東亜戦争の敗戦後、一九四五（昭和二〇）年一二月二五日に、ＧＨＱが神道指令で政教分離の徹底を命じたため、弥生神社も存続ができなくなった。

そこで弥生神社は弥生廟と改称されて、

一九四七（昭和二二）年一〇月、現在の場所に移転。民間有志からなる奉賛会によって管理されることになった。そして一九八三（昭和五八）年、あらためて弥生慰霊堂と改称されて今日にいたっている。

現在でも、一〇月一三日には殉職した警察官・消防官の慰霊祭が行われており、遺族や警視庁・東京消防庁ほか関係官庁の幹部職員らが出席して、殉職職員名簿の奉納や献花が行われている。合祀者は、二五〇〇名余にのぼるという。

すぐ北側にある靖国神社でも、じつは戦後まもなく似たような対応が検討されていた。靖国神社を靖国廟宮と改称し、神道色を薄めたうえで存続を図ろうとしたのである（その中心となったのが同社権宮司だった横井時常。第四章で竹内文献にハマった神道専門家として紹介した）。

結果的に靖国神社は改称されることはなく、神道色も剝奪されなかった。ただ、ボタンの掛け違いでどう転んだかはわからない。ひとしれずしてたたずむ弥生慰霊堂は、靖国神社のあったかもしれないもうひとつの可能性をあらわしている。

戦前と戦後の境目は曖昧だが……

こうした靖国神社と弥生神社の取り扱いをみてもわかるように、戦前と戦後は、一九四五（昭和二〇）年八月一五日で截然と分けられるわけではなかった。

そもそも日本が連合国にポツダム宣言の受諾を伝えたのは前日の一四日であり、東京湾上の米戦艦「ミズーリ」上で政府と軍部の代表が降伏文書に調印したのは九月二日のことだった。イギリスやアメリカはこの日をもって対日戦勝記念日としている。

また、これだけでただちに戦前の体制が崩壊したわけではなく、さきほども述べたように、神話との関係では神道指令の影響が大きかった。これにより、神道にたいする国家の特別な保護が廃止され、伊勢神宮や明治神宮、靖国神社を含むすべての神社が民間宗教の施設となった。

近年、自民党を支える右派勢力のひとつとして注目が集まっている神社本庁は、この神道指令を受けて翌年二月に発足したものである。名前からまるで役所のようだが、全国の神社を包括する民間の宗教法人にすぎない。

そして一九四七（昭和二二）年五月三日、アマテラスの不文憲法を踏まえたとされる大日本帝国憲法が廃止され、日本国憲法が施行された。

こう考えると、戦前と戦後の境目はますます曖昧になってくる。じっさい、一九四〇年体制とも呼ばれる総力戦体制はけっして解体されず、戦後日本の経済成長を支えたと言われる。最近の歴史研究でも、戦前と戦後を連続的に捉える議論をよく耳にする。ほかならぬ天皇の地位も、新憲法で象徴として残された。

そのため、天皇の即位や崩御にともなう儀礼は、廃止されたはずの皇室令（登極令、皇室喪儀令など）の規定をほとんど踏襲しており、政教の分離を守るという建前のもと、その一部分のみが国事行為とされている。ご都合主義と思わずにはおれない。

とはいえ、あまりこれをつきつめると、歴史の切れ目が考えられなくなってしまう。身も蓋もない話をすれば、戦前と戦後が同じ七七年で並んだなど、たんなる数字の遊びにすぎない。そこになんの意味もないといえばそうだろう。だが、その節目がみずからの過去を振り返るきっかけになるのであれば、たたき台としての価値はあるのではないか。

やはり八月一五日は、いまなお大切な国民的節目として意味を減じていない。

戦前の「五つの物語」

では、本書の当初の目的に戻ろう。

戦前とはなんだったのか。戦後七八年の今年、戦前の記憶がますます薄れるなかで、この問いにどう答えればいいか。

戦前といっても切り口はいくらでもあるが、本書では、日本神話からアプローチすることにした。

すなわち、大日本帝国を「神話に基礎づけられ、神話に活力を与えられた神話国家」と定義したうえで、戦前を五つの神話にもとづく物語に批判的に整理した。

その物語とは、「原点回帰という罠」「特別な国という罠」「祖先より代々という罠」「世界最古という罠」「ネタがベタになるという罠」の五つである。最後の「ネタがベタになる」は、物語が物語であることを忘れられた結果生じる、物語それ自体がはらむリスクなので、メタ物語ともいえるかもしれない。

このような物語を否定するのはたやすい。神武創業の実態は西洋化だったし、日本人が昔から特別に忠孝を大事にしていたわけでもない。もとより日本より古い文明はいくらでもあるし、日本の神々が世界をつくった云々は荒唐無稽というしかない。

だけれども、このような物語がなぜ近代以降、急速に整備されたのかも同時に考えなければならない。いうまでもなく、欧米列強の侵略に対抗して、急速な近代化・国民化を成し遂げるためである。その試みはあまたの苦難をともないながらも成功し、日本は日清戦争や日露戦争に勝ち抜き、欧米列強に伍するようになった。

たしかに日本は、昭和戦前期にやる必要もない中国との全面戦争にはまり込み、もがき苦しんだ挙げ句、ついに対米英開戦のやむなきにいたり、破滅的な終幕を迎えた。とはいえ、そのことをもって近代化の試みがすべて否定されるわけではない。

そのため、われわれが戦前から読み取るべき教訓は、たんなる物語の否定ではなく、そのリスクを受け止めながら、今後どのような物語を紡いでいくかにあるだろう。序文でも述べたとおり、物語は虚構だけれども、共同体を形成するうえで大きな役割があるからだ。

宗教の否定が醜悪な疑似宗教を生み出したように（フランス革命における最高存在の祭典や、ソ連におけるレーニンの遺体保存やスターリンの個人崇拝などを思い出されたい）、物語の否定はかえって戦前的な物語の劣化コピーを生成させる。物語は排除されるべきものではなく、上書きされるべきものなのである。

道義国家論と神聖国家論

そのうえであらためて、戦前の国体論を整理してみたい。

日本は明治維新により、近代的な国民国家となった。だがいったん国民国家となると、イギリス、フランス、ドイツなどと並列されることになる。このなかでは、日本はなんとも貧弱な存在にすぎない。

日本に生まれた以上、日本人としての立場を受け入れて、断固として自国を守るべき？それはそうかもしれないが、もう少し積極的な理由づけもほしい。つまり、この日本という国民国家がほかに比べて優れており、そのためならば命を投げ出してもいいというような理由が。その需要に応じたのが国体論だった。

国体とは、万世一系の天皇を建国以来いただく日本独自の国のありかたである。ヨーロッパにせよ、中国にせよ、このように連綿として続く王室をもつところはない。これこそ日本の卓越する点というわけだ。

この国体のすばらしさを説明する回路は、おもにふたつ存在する。

ひとつは、日本は君臣の努力（忠孝）によって万世一系の皇統を守ってきたからエライという考え。もうひとつは、日本は神々によって天皇の君臨を保証されているからエライという考えだ。前者が後期水戸学系であり、後者が国学系といえるかもしれない。

この両者は相補的である。合理的に考えれば、努力論（道義国家論）のほうがもっともな主張に聞こえる。植民地化の危機にあるなかで、国民に奮起をうながす掛け声とも相性がいい。ただ努力論は、ひるがえせば努力が足りないと国体が終焉する可能性を含まざるをえない。これでは、共産主義者などに付け入るすきを与えかねない。

そこで、日本が自明にエライという宿命論（神聖国家論）が力を増してくる。日本の国体はなにがあっても大丈夫なのだと。とはいえ、国体が神々に保証されているのだとすると努力する意味がなくなり、結果的に国民の怠惰を招く恐れもある。やはり努力も欠かせない――。こうして努力論と宿命論は循環するのである。

ただし忘れてはならないのは、このような国体論は官民問わず雑多に論じられ、ときに混ざり合っていたということだ。民間発の八紘一宇が国是と称されたことを思い出してもらいたい。これなど、道義国家論と神聖国家論の奇妙な融合だった（日本は道義的に世界を統一する宿命を有する）。

そのため、文部省が編んだ『国体の本義』などをみるだけでは、国体論の総体をとらえることはできない。記念碑や軍歌など、幅広くカルチャーを取り上げなければならない理由もここにある。全体主義的なイデオロギー国家では、国家的なイデオローグが国のあり方を体系的に示す。だけれども、良くも悪くも民間の活力が盛んな日本はそれと同一には論じられない。

実証なき物語は妄想、物語なき実証は空虚

ところで近代日本の神道を論じるときには、国家神道ということばがしばしば使われる。だが、本書ではほとんど使ってこなかった。その理由は、国家神道をめぐる学説上の対立に関わりたくなかったからである。

あまり深入りするつもりはないけれども、その対立とは広義の国家神道論と狭義の国家神道論とのそれをいう。

あえて単純化すれば、広義の国家神道論は、国家神道の範囲をできるだけ広く捉えようとする。伊勢神宮や靖国神社などの神社神道のみならず、皇室祭祀、教育勅語、「君が代」、休日の設定などもその一部に含む。言い換えれば、戦前の国家神道は神社だけみても仕方がないという主張だ。そのいっぽうで狭義の国家神道論は、国家神道をできるだけ狭く捉え、もっぱら神社神道に限定しようとする。

その背後には、政治的な意図が見え隠れする。日本国憲法では、政教の分離がうたわれている。もし国家神道が広義のものだとすれば、「君が代」や建国記念の日なども宗教的なものになりかねず、ただちに廃止しなければならないということになる。つまり広義の国家神道論は、戦前の残滓《ざんし》をできるだけ掃討しようとする左派と親和性が高い。

これにたいして、国家神道を神社神道に狭く捉えるのであれば、「君が代」や建国記念の日などは日本国憲法と両立できるということになる。つまり狭義の国家神道論は、戦前の遺風をできるだけ保存復興しようとする右派と親和性が高い。

このことは、両者の代表的な論客をみるとよりわかりやすい。

広義の国家神道論では、宗教学者の村上重良《むらかみしげよし》があげられる。村上は日本共産党に属し（のちに決別）、一九七〇（昭和四五）年、国会で靖国神社の国家護持が検討されるなかで『国家神道』（岩波新書）を著した。

そのいっぽうで狭義の国家神道論では、神道思想家の葦津《あしづ》珍彦《うずひこ》があげられる。神社本庁の設立に尽力し、一九八七（昭和六二）年に『国家神道とは何だったのか』（神社新報社）を著して、村上の国家神道論をずさんだと批判した。そしてこのとき、葦津が掲げたのが「実証主義」だった。

学説上の対立に関わりたくないと言いながらここまで説明したのは、国家神道ということばの厄介さを述べたかっただけではなく、実証主義のもつイデオロギー性にも注意をうながしたかったからである。

精緻な史料批判にもとづく実証主義は今日、高度な中立性や客観性が担保されているとして高い評価を受けている。それはしばしば、右派の作家が書いた歴史書（たとえば百田尚樹の『日本国紀』）を批判的に検証するときに旗印のようにも用いられる。イデオロギーにとらわれていない歴史学者が、右派の歴史修正主義と戦うのだと。ところがかつては、右派が左派に対抗するために実証主義を掲げていたのだ。

そのことが悪いと主張したいのではない。思想的な偏りと無縁でいられる人間などこの世に存在しない。ここで言いたいのは、「日本はこうあるべきだ」という大きな枠組み（物語）と実証主義はかならずしも対立しないということである。実証主義は物語を排除するのではなく、それを精緻にするために使われなければならない。

歴史は、大きな枠組みと細かい資料調査の往還で成り立っている。イデオロギーにもとづいて事実を歪める歴史修正主義は困るが、かといって、細かいことだけやっていればいいという素朴実証主義も困る。実証なき物語は妄想だが、物語なき実証は空虚だ。その中間を取ろうというのが筆者の考えである。

神話国家の興亡としての「戦前」

以上をまとめると、本書の立場は「民間の活力に注目せよ」「大きな枠組み（物語）を大切にせよ」となる。そのことを前提にしていえば、これまでの国家神道をめぐる議論は「上からの統制」にいささか注目が集まりすぎだったのではないか。

「政府や軍部が神社を支配下において、プロパガンダをほしいままにしていた。このような思想統制は問題だ」「いや、それは政府や軍部の介入を大きく見積もりすぎている。長らく神社を管掌する行政機構は脆弱だったし、予算も少なかった」。こういうやり取りである。

だが、神話をネタ元にした記念碑やレコードなどの続出は国家の統制だけでは説明できず、「下からの参加」も考慮に入れられなければならない。企業の時局便乗や民衆のナショナリズムなどがこれにあたる。狭義の国家神道論にしぼっても、神社参拝はすべて強制されたものではなかった。

筆者はかつて軍歌について同じことを述べたことがある。

明治初期には、一部のエリートがドイツやフランスなどを参照して、近代的な軍歌を意識的に創作した。外山正一《とやままさかず》作詞の「抜刀隊」や「来《き》れや来《た》れ」などがその例だった。

ところが日清戦争でナショナリズムが高揚すると、民衆が自発的に軍歌をつくり、うたうようになった。そしてそこに出版社などが軍歌集を売りさばいて便乗した。「ちゃんちゃん坊主」や「豚尾漢」などと中国人を蔑視する下品な内容も多かったけれども、それこそ「下からの参加」の証拠だった。

同じ構図は昭和になっても変わらず、新たに勃興したレコード産業によって時局便乗が繰り返されることになる。近代につくられた日本の軍歌は一万曲を下らないが、その膨大な数は、政府・軍部による「上からの動員」のみならず、企業・消費者による「下からの参加」も考慮しなければとうてい説明がつかない。

言い換えれば、「プロパガンダをしたい」当局と、「時局で儲けたい」企業と、「戦争の熱狂を楽しみたい」消費者という三者にとってウィン・ウィン・ウィンな利益共同体が、軍歌という空前の国民的エンターテインメントを生み出したのである。

別に古臭くマニアックな話ではあるまい。現在でも、衝撃的なニュースが飛び込んできたら、便乗的なウェブ記事などがたくさん出てくる。消費者もそれを積極的に受容している。そして政府もそれに乗っかって予算や法律を通そうとしたりする。独裁的な司令塔があるわけではなく、ただ空気によってなんとなく流されていく。この「波乗り」は日本社会でよくみられる現象だ。

戦前における神話の受容にも、似たところがあったのではないか。たしかに当初は、「上からの統制」が大きかった。ところが、途中から「下からの参加」が加わった。やがて国体論というネタがベタになり、政府をも拘束するようになった。

この神話国家の興亡こそ、戦前の正体だったというのが本書の見立てである。その構成要素たる教育勅語や軍事儀礼などをバラバラにみて、「日本スゴイ!」「いや、戦前回帰だ!」といいあっても生産的な議論にはならない。

戦前の物語をあえて採点する

最後におこがましいことを承知で、あえて戦前の物語に点数をつけてみたい。結論からいえば、六五点である。ひとによって高い低いはあると思うが、これが絶妙だと筆者は考えている。

今日、われわれはあまりに潔癖になり、一〇〇点満点を追求しすぎている。少しでも失点すると、たちまち炎上して吊るし上げられてしまう。そのため、かえって脆弱な物語しか創出できなくなっている。

日本の近代史をめぐる評価でそれが顕著だ。日本は正しいことばかりをやってきた。非西洋ではじめて近代化を達成した。アジアを解放した。植民地支配はしなかった。大東亜戦争は聖戦だ。日本には一点の曇りもない――。こういう「日本スゴイ」史観は、しかし、ひとつでも不都合な資料が発掘されると、たちまち瓦解してしまう。

かといって、日本の問題点ばかりあげつらうのが正しいわけではない。こういういわばゼロ点史観は、満点史観の逆張りにすぎない。またこういう日本悪玉論に立つ人間に限って、共産主義の失敗から目をそらすなど、別の脆弱な物語にしがみついていたりする。

そもそも他人に満点を求める人間自身が満点だった例などみたことがない。現実的な落としどころは、日本は六割五分ぐらいよくやったというところにあるのではないか。日本は問題とされる行動をしたけれども、全体的にみれば欧米列強の侵略に対抗して近代化・国民化を成し遂げた。だから、過去の誤りを認めながら、今後よりよい国をつくっていこう。こういう立場であれば、多少不利な資料が発掘されても、動ずることがない。

たしかに戦前の物語にはいくらでも欠点が指摘できる。だがそれで植民地化の危機をまぬかれることができたのだから、一定の評価は与えられてしかるべきだろう。ただそれを神聖不可侵にしてしまうとネタがベタになる危険があるので、三五点を引いたわけである。

今後、新しい国民的物語を創出しようとするときにも、このような曖昧さをあえて取り込むべきだろう。そしてそのほうが、結果的に物語は強靭なものとなり、長く日本の指針となるはずだ。

戦前とは言い換えれば、国民的な物語で及第点を出した時代である。したがってそれを超克しようとすれば、別の国民的な物語を創出するほかない。そのためにはまず、教養として戦前がどのような時代だったのかを大きな枠組みで知らなければならない。そこで本書では戦前の物語を五つに整理して、六五点の評価を与えた。

これをどのように批判的に受け継いでいくのか。あとはわれわれの手に委ねられている。

参考文献

基礎資料

秋本吉郎（校注）『風土記』（日本古典文学大系2）岩波書店、一九五八年。

宇治谷孟『日本書紀　全現代語訳』上下巻、講談社学術文庫、一九八八年。

岡田莊司、小林宣彦『日本神道史』増補新版、吉川弘文館、二〇二一年。

倉野憲司（編）『続日本紀宣命』岩波文庫、一九三六年。

倉野憲司（校注）『古事記』岩波文庫、一九六三年。

國學院大學日本文化研究所（編）『神道事典』縮刷版、弘文堂、一九九九年。

坂本太郎ほか（校注）『日本書紀』一～五巻、岩波文庫、一九九四～一九九五年。

佐佐木信綱（編）『新訓　万葉集』上下巻、岩波文庫、一九五四～一九五五年。

下中弥三郎（編）『神道大辞典』臨川書店、一九八六年。

島薗進『教養としての神道　生きのびる神々』東洋経済新報社、二〇二二年。

薗田稔、橋本政宣（編）『神道史大辞典』吉川弘文館、二〇〇四年。

次田真幸（全訳注）『古事記』上中下巻、講談社学術文庫、一九七七～一九八四年。

秦郁彦（編）『日本陸海軍総合事典』東京大学出版会、一九九一年。

原武史、吉田裕（編）『岩波　天皇・皇室辞典』岩波書店、二〇〇五年。

第一章

安倍晋三『安倍晋三回顧録』中央公論新社、二〇二三年。

猪瀬直樹『ミカドの肖像』小学館文庫、二〇〇五年。

及川智早『日本神話はいかに描かれてきたか　近代国家が求めたイメージ』新潮選書、二〇一七年。

海後宗臣など（編）『日本教科書大系　近代編』第18～20巻、講談社、一九六二～一九六三年。

阪本是丸『明治維新と国学者』大明堂、一九九三年。

杉田幸三『日本の心　銅像は生きている』永田書房、一九七一年。

高木博志、山田邦和（編）『歴史のなかの天皇陵』思文閣出版、二〇一〇年。

多木浩二『天皇の肖像』岩波現代文庫、二〇〇二年。

竹内久一「先帝陛下と神武天皇」『書画骨董雑誌』一九一二年九月号、一一～一五ページ。

田中修二（監修・解説）『偉人の俤　銅像写真集　資料篇』（シリーズ・近代日本のモニュメント1）ゆまに書房、二〇〇九年。

外池昇『天皇陵の近代史』（歴史文化ライブラリー83）吉川弘文館、二〇〇〇年。

遠山茂樹（校注）『天皇と華族』（日本近代思想大系2）岩波書店、一九八八年。

所功『「国民の祝日」の由来がわかる小事典』ＰＨＰ新書、二〇〇三年。

日本史研究会、京都民科歴史部会（編）『「陵墓」からみた日本史』青木書店、一九九五年。

広田肇一『日名子実三の世界　昭和初期彫刻の鬼才』思文閣出版、二〇〇八年。

古川隆久『皇紀・万博・オリンピック　皇室ブランドと経済発展』中公新書、一九九八年。

古川隆久『建国神話の社会史　史実と虚偽の境界』中公選書、二〇二〇年。

星野良作『研究史　神武天皇』吉川弘文館、一九八〇年。

明治美術学会、印刷局朝陽会（編）『お雇い外国人キヨッソーネ研究』中央公論美術出版、一九九九年。

森万佑子『韓国併合　大韓帝国の成立から崩壊まで』中公新書、二〇二二年。

由井正臣、藤原彰、吉田裕（校注）『軍隊　兵士』（日本近代思想大系4）岩波書店、一九八九年。

吉村徳蔵『神話と歴史教育』吉川弘文館、一九七三年。

第二章
伊藤哲夫『教育勅語の真実　世界から称賛される日本人の美質を育んだ』致知出版社、二〇一一年。

伊藤博文（著）、宮沢俊義（校註）『憲法義解』岩波文庫、一九四〇年。

今井宇三郎、瀬谷義彦、尾藤正英（校注）『水戸学』（日本思想大系53）岩波書店、一九七三年。

唐澤富太郎『教科書の歴史　教科書と日本人の形成』創文社、一九五六年。

北畠親房（著）、岩佐正（校注）『神皇正統記』岩波文庫、一九七五年。

教育史学会（編）『教育勅語の何が問題か』岩波ブックレット、二〇一七年。

梧陰文庫研究会（編）『明治国家形成と井上毅』木鐸社、一九九二年。

酒巻芳男『皇室制度講話』岩波書店、一九五四年。

坂本多加雄『象徴天皇制度と日本の来歴』都市選書、一九九五年。

島善高『律令制から立憲制へ』成文堂、二〇〇九年。

原武史『平成の終焉　退位と天皇・皇后』岩波新書、二〇一九年。

尾藤正英『日本の国家主義　「国体」思想の形成』岩波書店、二〇一四年。

ジョン・ブリーン『神都物語　伊勢神宮の近現代史』吉川弘文館、二〇一五年。

山住正己（校注）『教育の体系』（日本近代思想大系6）岩波書店、一九九〇年。

第三章
赤澤史朗『戦没者合祀と靖国神社』吉川弘文館、二〇一五年。

浅見雅男『皇族と帝国陸海軍』文春新書、二〇一〇年。

一高自治寮立寮百年委員会（編）『第一高等学校自治寮六十年史』一高同窓会、一九九四年。

稲宮康人、中島三千男『「神国」の残影　海外神社跡地写真記録』（非文字資料研究叢書2）国書刊行会、二〇一九年。

井上毅伝記編纂委員会（編）『井上毅伝　史料篇　第3』國學院大學図書館、一九六九年。

植村峻『紙幣肖像の近現代史』吉川弘文館、二〇一五年。

遠藤慶太『日本書紀の形成と諸資料』塙書房、二〇一五年。

及川智早『変貌する古事記・日本書紀　いかに読まれ、語られたのか』ちくま新書、二〇二〇年。

国立国会図書館調査及び立法考査局（編）『新編　靖国神社問題資料集』国立国会図書館、二〇〇七年。

小林健三、照沼好文『招魂社成立史の研究』錦正社、一九六九年。

阪本是丸『近代の神社神道』弘文堂、二〇〇五年。

佐藤元英（監修・解説）『皇族軍人伝記集成　第3巻　北白川宮能久親王』ゆまに書房、二〇一〇年。

島薗進『国家神道と日本人』岩波新書、二〇一〇年。

白川哲夫『「戦没者慰霊」と近代日本　殉難者と護国神社の成立史』勉誠出版、二〇一五年。

菅浩二『日本統治下の海外神社　朝鮮神宮・台湾神社と祭神』（久伊豆神社小教院叢書1）弘文堂、二〇〇四年。

関口すみ子『御一新とジェンダー　荻生徂徠から教育勅語まで』東京大学出版会、二〇〇五年。

田島道治（著）、古川隆久ほか（編）『昭和天皇拝謁記　初代宮内庁長官田島道治の記録1』岩波書店、二〇二一年。

坪内祐三『靖国』新潮文庫、二〇〇一年。

呑海沙織（編）『戦争と文化　附・明治期出版軍歌目録』桂書房、二〇一二年。

新田均『「現人神」「国家神道」という幻想　「絶対神」を呼び出したのは誰か』神社新報社、二〇一四年。

秦郁彦『靖国神社の祭神たち』新潮選書、二〇一〇年。

原武史『〈出雲〉という思想　近代日本の抹殺された神々』講談社学術文庫、二〇〇一年。

原武史『皇后考』講談社学術文庫、二〇一七年。

平山昇『初詣の社会史　鉄道が生んだ娯楽とナショナリズム』東京大学出版会、二〇一五年。

前田重夫『銅像に見る日本の歴史』創栄出版、二〇〇〇年。

村上重良『国家神道』岩波新書、一九七〇年。

村上重良『慰霊と招魂　靖国の思想』岩波新書、一九七四年。

本康宏史『軍都の慰霊空間　国民統合と戦死者たち』吉川弘文館、二〇〇二年。

安丸良夫『神々の明治維新　神仏分離と廃仏毀釈』岩波新書、一九七九年。

安丸良夫、宮地正人（校注）『宗教と国家』（日本近代思想大系５）岩波書店、一九八八年。

若桑みどり『皇后の肖像　昭憲皇太后の表象と女性の国民化』筑摩書房、二〇〇一年。

渡辺浩『東アジアの王権と思想』東京大学出版会、一九九七年。

第四章

碓井隆次『佐藤信淵　思想の再評価』タイムス、一九七七年。

小澤実（編）『近代日本の偽史言説　歴史語りのインテレクチュアル・ヒストリー』勉誠出版、二〇一七年。

北原白秋『白秋全集５』岩波書店、一九八六年。

木村鷹太郎『世界的研究に基づける日本太古史』八幡書店、一九八三年。

後藤暢子、團伊玖磨、遠山一行（編）『山田耕筰著作全集１』岩波書店、二〇〇一年。

武田崇元（編・監修）『定本竹内文献』（縮刷版）八幡書店、二〇一四年。

田原嗣郎（校注）『平田篤胤・伴信友・大国隆正』（日本思想大系50）岩波書店、一九七三年。

長山靖生『偽史冒険世界　カルト本の百年』ちくま文庫、二〇〇一年。

羽賀祥二『明治維新と宗教』法蔵館文庫、二〇二二年。

林房雄『神武天皇実在論　よみがえる日本古代の英雄』光文社、一九七五年。

尾藤正英、島崎隆夫（校注）『安藤昌益　佐藤信淵』（日本思想大系45）岩波書店、一九七七年。

平田篤胤（著）、子安宣邦（校注）『霊の真柱』岩波文庫、一九九八年。

藤原明『日本の偽書』文春新書、二〇〇四年。

藤原明『幻影の偽書『竹内文献』と竹内巨麿　超国家主義の妖怪』河出書房新社、二〇二〇年。

毎日新聞「靖国」取材班『靖国戦後秘史　A級戦犯を合祀した男』毎日新聞社、二〇〇七年。

松浦光修『大国隆正の研究』大明堂、二〇〇一年。

『山田耕筰の遺産10　管弦楽曲編』日本コロムビア、一九九六年。

第五章

石井翔大「大江宏設計　神武天皇聖蹟顕彰碑の設計過程」『日本建築学会計画系論文集』八三（七四七）、二〇一八年、九四九〜九五五ページ。

石原莞爾『最終戦争論　戦争史大観』中公文庫、一九九三年。

今村冬三『幻影解「大東亜戦争」　戦争に向き合わされた詩人たち』葦書房、一九八九年。

W・エドワーズ「平成における神武天皇　神武天皇聖蹟顕彰碑の現状」『天理大学学報』五八（二）、二〇〇七年、八九〜一一〇ページ。

大谷栄一『日蓮主義とはなんだったのか　近代日本の思想水脈』講談社、二〇一九年。

木戸日記研究会（校訂）『木戸幸一日記』下巻、東京大学出版会、一九六六年。

窪壮一朗『明治維新と神代三陵　廃仏毀釈・薩摩藩・国家神道』法藏館、二〇二二年。

黒岩昭彦『「八紘一宇」の社会思想史的研究』弘文堂、二〇二二年。

小林友一『同期の雪　林八郎少尉の青春　二・二六事件秘話』日本工業新聞社、一九八一年。

坂口英伸「近代日本の記念碑再考　鉄筋コンクリートの観点から」『文化資源学』一五巻、二〇一七年、一〜一九ページ。

島田裕巳『八紘一宇　日本全体を突き動かした宗教思想の正体』幻冬舎新書、二〇一五年。

須崎愼一、内藤英恵『現代日本を考えるために　戦前日本社会からの視座』梓出版社、二〇〇七年。

大政翼賛会文化部（編）『大東亜戦争愛国詩歌集1（詩歌翼賛特輯）』目黒書店、一九四二年。

玉井清「『撃ちてし止まむ』の始動」『法学研究』九二（一二）慶応義塾大学法学研究会、二〇一九年、一～四一ページ。

千葉慶「《八紘之基柱》の図像プログラム」『美術史』五八（二）、二〇〇九年、二三五～二四九ページ。

千葉慶『アマテラスと天皇　〈政治シンボル〉の近代史』吉川弘文館、二〇一一年。

寺内寿一刊行会、上法快男（編著）『元帥寺内寿一』芙蓉書房、一九七八年。

日本放送協会（編）『愛国詩集』日本放送出版協会、一九四二年。

「八紘一宇」の塔を考える会（編著）『新編　石の証言　「八紘一宇」の塔「平和の塔」の真実』鉱脈社、二〇一五年。

三又たかし（著）、観光みやざき編集局（編）『ある塔の物語　甦る日名子実三の世界』観光みやざき編集局、二〇〇二年。

『神武天皇聖蹟調査報告』文部省宗教局保存課、一九四二年。

『日向写真帖　家族の数だけ歴史がある　日向市史別編』日向市、二〇〇二年。

『翼賛詩歌曲集』柴山教育出版社、一九四二年。

※以上はあくまで主要な参考文献にすぎない。軍歌については『日本の軍歌　国民的音楽の歴史』（幻冬舎新書、二〇一四年）、「君が代」については『ふしぎな君が代』（幻冬舎新書、二〇一五年）、プロパガンダについては『たのしいプロパガンダ』（イースト新書Q、二〇一五年）、教育史については『文部省の研究　「理想の日本人像」を求めた百五十年』（文春新書、二〇一七年）および「教育勅語肯定論の戦後史　敗戦直後の擁護論から森友学園事件まで」（『徹底検証　教育勅語と日本社会』岩波書店、二〇一七年、五三～七二ページ）などの拙著・拙稿の参考文献欄も参照されたい。

おわりに

日本の神話は豊饒である。同じエピソードでも、『古事記』と『日本書紀』でときにその内容が大きく異なっている。『日本書紀』に限っても、本文と一書（サブテキスト）でまた違いがある。そこに『風土記』なども加味するとさらにまた奥が深くなる。

ただし、それは概説するのがむずかしいことを意味する。あるエピソードをまとめようとすると、どうしてもスルッと抜けるものが出てきてしまう。日本の神話に詳しくなるとそこが面白いのだけれども、最初はとっつきにくいかもしれない。

なにか指針となるものがなければならない。

そこで本書は、明治維新から大東亜戦争まで、日本の神話がどのように利用されてきたのかを解説しながら、それに関連するエピソードを紹介するというかたちを取った。そうすることで、日本神話の入門書となるだけではなく、近現代史の本にもなり、さらに昨今の神話ブームではびこる神武天皇実在論のごとき妄説を掣肘《せいちゅう》することをもめざした。

しかし、この試みがたいへんな難工事になった。わかりやすくすれば物語としてははっきりするけれども、日本神話の豊饒さを削いでしまう。かといって複雑にしすぎれば、入門書として役立たない。

また独自の視点も付け加えなければならない。本書では関連する史跡をくまなくめぐるとともに、できるだけ時事ニュースにも言及して筆者なりの視点で論評することにした。戦前の物語が現在と地続きであることを示し、歴史というものを広く読書人の血肉としてもらいたかったからである。

このように歴史を押さえておけば、日々流れ行くできごとも俯瞰的に眺められるだろう。たとえば、昨年（二〇二二年）より明治神宮外苑の再開発が環境保護などを理由に批判を浴びている。同地は戦後の神道指令を受けた諸改革によりもっぱら明治神宮の私有地となった。だが、国民の勤労奉仕や献金などで整備されたという経緯にかんがみれば公共的な意味が強く、一宗教法人の判断のみに任せるべきではないというのだ。

もし歴史的な経緯から公共性を図るべきというのならば、靖国神社こそ公共的と言わなければならないだろう。では、再開発に反対しているのは右派なのかといえば、もっぱら左派なのである。戦後七八年めらしい時代のねじれというほかない。

そもそも、第三章で取り上げたように、乃木神社参拝ぐらいで軍国主義だと批判していた人間はこの再開発反対の理由をどのように受け止めるのだろうか。いうまでもなく明治神宮の祭神は、乃木が殉死したところの明治天皇なのだ。

めさきの運動やＳＮＳの流行を追うだけでは、とたんに矛盾をきたしてしまう。明治神宮や靖国神社の公共性とはなんなのか。近代日本はどのような国だったのか。現代日本の公と私を考えるためには、そこから根源的に考えなければならない。戦前の「正体」を押さえておかなければならないゆえんである。

もちろん、本書とてひとつの物語を示したにすぎない。批判的な意見もあるだろう。それはまったく構わない。ただ、たんなる物語否定に陥らず、それぞれが新しい歴史の見方をつくってもらいたい。本書がその叩き台になれば望外の幸いだ。

本書は、筆者にとって二年ぶりの単著となった。

コロナ禍によるテレワークの普及などで動画配信が大いに盛り上がり、筆者もその末席に加わった。原稿にくらべると、配信はなんと気軽なことか。視聴者からのフィードバックが早いし、運営資金も調達しやすい。だけれどもその体験でわかったのは、かえって本を書くことの大切さだった。

動画の時代だからこそ、情報を取捨選択して一本の物語に整理する能力が求められているのではないか。そしてその能力をもっとも培えるのが読書や執筆にほかならない。結局、（少なくとも歴史の関係では）動画のネタ元は書籍しかないのである。

ときあたかも、昨年末の「新しい戦前」発言に際会した。戦前回帰への懸念はわからないではない。だがそのいっぽうで、戦前というフレーズがあまりに安易に使われすぎているとの思いも捨てきれなかった。だからといって、専門書のブックリストを突きつけて「これをすべて読んでから出直してこい」と迫るようなマネもみっともない。

では、自分なりに戦前の「正体」をまとめてみようではないか——。ここから長きにわたる停滞を打ち破り、一気呵成に書き上げたのが本書である。

こういう経緯から、執筆にはずいぶんと時間がかかってしまった。もう一〇冊以上も単著を書いているのに、毎度の鈍行ぶりには忸怩《じくじ》たる思いを禁じえない。末筆ながら、ご担当いただいた講談社の小林雅宏氏には、無理なスケジュールでの進行をお願いすることになったことをお詫びするとともに、ここにあらためてお礼を申し上げたい。

講談社現代新書　2705

「戦前《せんぜん》」の正体《しょうたい》　愛国《あいこく》と神話《しんわ》の日本近現代史《にほんきんげんだいし》

二〇二三年五月二〇日第一刷発行

著　者　辻田真佐憲《つじたまさのり》

発行者　鈴木章一

発行所　株式会社講談社

東京都文京区音羽二丁目一二―二一　郵便番号一一二―八〇〇一

電　話　〇三―五三九五―三五二一　編集（現代新書）

〇三―五三九五―四四一五　販売

〇三―五三九五―三六一五　業務

装幀者　中島英樹／中島デザイン

印刷所　株式会社ＫＰＳプロダクツ

製本所　株式会社国宝社

定価はカバーに表示してあります　Printed in Japan

N.D.C. 210.6　298p　18cm
ISBN978-4-06-532129-4

「講談社現代新書」の刊行にあたって

教養は万人が身をもって養い創造すべきものであって、一部の専門家の占有物として、ただ一方的に人々の手もとに配布され伝達されうるものではありません。

しかし、不幸にしてわが国の現状では、教養の重要な養いとなるべき書物は、ほとんど講壇からの天下りや単なる解説に終始し、知識技術を真剣に希求する青少年・学生・一般民衆の根本的な疑問や興味は、けっして十分に答えられ、解きほぐされ、手引きされることがありません。万人の内奥から発した真正の教養への芽ばえが、こうして放置され、むなしく滅びさる運命にゆだねられているのです。

このことは、中・高校だけで教育をおわる人々の成長をはばんでいるだけでなく、大学に進んだり、インテリと目されたりする人々の精神力の健康さえもむしばみ、わが国の文化の実質をまことに脆弱なものにしています。単なる博識以上の根強い思索力・判断力、および確かな技術にささえられた教養を必要とする日本の将来にとって、これは真剣に憂慮されなければならない事態であるといわなければなりません。

わたしたちの「講談社現代新書」は、この事態の克服を意図して計画されたものです。これによってわたしたちは、講壇からの天下りでもなく、単なる解説書でもない、もっぱら万人の魂に生ずる初発的かつ根本的な問題をとらえ、掘り起こし、手引きし、しかも最新の知識への展望を万人に確立させる書物を、新しく世の中に送り出したいと念願しています。

わたしたちは、創業以来民衆を対象とする啓蒙の仕事に専心してきた講談社にとって、これこそもっともふさわしい課題であり、伝統ある出版社としての義務でもあると考えているのです。

一九六四年四月　野間省一

日本史Ⅰ

Ⓖ

宗教

27 禅のすすめ——佐藤幸治
135 日蓮——久保田正文
217 道元入門——秋月龍珉
606 「般若心経」を読む——紀野一義
667 生命《いのち》あるすべてのものに　マザー・テレサ
698 神と仏——山折哲雄
997 空と無我——定方晟
1210 イスラームとは何か——小杉泰
1469 ヒンドゥー教　クシティ・モーハン・セーン　中川正生 訳
1609 一神教の誕生——加藤隆
1755 仏教発見！——西山厚
1988 入門 哲学としての仏教　竹村牧男
2100 ふしぎなキリスト教——橋爪大三郎　大澤真幸
2146 世界の陰謀論を読み解く——辻隆太朗
2159 古代オリエントの宗教　青木健
2220 仏教の真実——田上太秀
2241 科学vs.キリスト教——岡崎勝世
2293 善の根拠——南直哉
2333 輪廻転生——竹倉史人
2337 『臨済録』を読む——有馬頼底
2368 「日本人の神」入門——島田裕巳

政治・社会

哲学・思想Ⅰ